広島修道大学テキストシリーズ

「事実性」の哲学

フッサール、メルロ＝ポンティ、ウィトゲンシュタイン、ハーバーマス等の現代哲学を見る視点

晃洋書房

宮坂和男 著

まえがき

本書は、私が広島修道大学で担当している教養科目「哲学」の教科書として書かれたものである。本科目を履修する学生諸君には、本書を読んで、私が講義で話した内容を辿り返し、理解を確かなものにするように希望する。また本書には、時間の制約のために講義で私が話すことのできない内容も含まれている。それを読むことによって、講義の内容に関する理解が深まることは言うまでもない。本書の多くの部分について、学生諸君が各自で読んで理解するように希望する。

表題に示されているように、本書は「事実性」という考え方に注目し、この観点から、主として二〇世紀の現代哲学の内容について見ようとするものである。私としては、現代哲学の多くが、必ずしも明示的には述べていないものの、《事実性》を重視するものになっていると考えている。それゆえ《事実性》は、現代哲学の多くに共通している視点を表示しうるものだと考えられるのである。

ただ、「事実性」といきなり言われても、一体何を意味するものなのか、多くの読者には見当もつかないように感じられるであろう。正確なところは本書を通読して理解していただく以外にないが、ここで幾分か概略的なことを述べておきたいと思う。

本書で用いられている「事実性」という言葉は、まったく自明な事柄のあり様を意味している。もう少し言えば、「事実性」とは、あまりにも自明であるために、問題にされたり疑問視されたりすることのありえないような事柄のあり様のことである。例えば、「目の前にありありと見える物が存在する」、「物の総体である世界が存在する」、「人間は言語を話しながら生きている」といった事柄のあり様が、《事実性》の例である。なお、私が「事実性」という言葉を用いるときに特に念頭に置いているのは、メルロ＝ポンティが述べていることである。メルロ＝ポンティの言う「事実性（facticité）」とは「世界がある」ことの自明性を意味している。ただそれは、眼前に広がって見えている物の総体が間違いなく存在することだけを意味するものではない。「世界は私が思惟するようなものではなく、私が生きるものである。私は世界へ開かれており、世界と疑いなく交流している[1]」とメルロ＝ポンティは言う。

人間が生きて活動することは、否応なく世界に巻き込まれ、世界と関わる以外の仕方ではありえない。それゆえ世界が存在することは、まったく自明だと言う以外にないものである。単純に歩く場合でさえ、われわれは地面を踏みしめないでいることはできない。もっともこうしたことは、日常の生活の中で論議のテーマとなることはまずないし、理論的な説明が試みられることもない。こうしたことをあらためて考察のテーマとしたり、それにあらためて説明をつけようとしたりすれば、それのもつ《事実的》なあり様は、むしろ取り逃されてしまうであろう。こうした事柄は、われわれがそれに言及する必要すら感じないほどに自明なのである。それは、あらためて主題化されるのがそぐわないような仕方で知られていて、人間の意識の最根底の基層をつくっていると言うことができる。

これまでの諸々の学問も、こうした《事実性》を本気で問題視したり疑問視したりすることはまずなかったと言ってよい。ところが、これを問題化する学問が一つだけあった。それは、ほかならぬ哲学である。哲学だけは、むしろ《事実性》をすすんで問題と見なすところに、自らの存在意義を認めてきたと言うことすらできる。

ここでまず強調しておかなければならないが、《事実性》は、ヨーロッパの伝統的哲学が拒絶し貶《おとし》めようとしたものにほかならない。というのは、日ごろの生活の中で、特に検討されないまま自明なものとして受け容れられているような事柄は、本当の意味では知られていないと哲学は考えてきたからである。例えばソクラテスは、世間の一般の人々が知っていると思っている事柄（臆見、ドクサ）は、真の意味で知られているものではないと見なし、本当の知識（エピステーメー）を追求しなければならないと考えた。そして、ソクラテスによれば、本当の意味で知ろうとすることこそが、「知を愛すること」すなわち「哲学」にほかならなかった。

また、ヨーロッパ近代哲学の出発点と目されるデカルトの哲学も、《事実性》を拒否しようとした哲学の典型例であったと言える。よく知られているように、デカルトは、絶対に確実な知識を求めて、学校で教えられた事柄や、感覚で捉えられる事物や事象の存在を、一度きっぱり、真実ではないものとして投げ棄てようとした。この結果デカルトが行き着いたのは、周知のように「私は考える、ゆえに私はある」という命題であった。ありとあらゆるものを疑わしいと考え、虚偽と見なそうとしても、自分がこのように考えていることだけは、どうあっても否定できないことを言う命題である。この場合にも、人間が日常の生活の中で否応なく受け容れている《事実性》は、単純に軽視されて、考慮から外されてしまうことになる。

さて、したがって、《事実性》に着目し、それに重要な意味を認めようとすることは、ソクラテスやデカルトとは正反対の立場をとることになる。本書でわれわれがとろうとする立場は、まさにそうしたものにほかならない。本書は、ソクラテスとデカルトという、ヨーロッパの伝統的哲学を代表しうる哲学者の考えを検討した後に、それを批判し、それと対比させる仕方で、二〇世紀の現代哲学が《事実性》に依拠しようとした次第を見ようとするものである。

本書の内容は、「ソクラテスとデカルト　対　現代哲学」という対立を基軸に置いて書かれている。本論を読み始める前に、まずこのことをはっきり把握していただきたいと思う。

例えば、現代哲学を代表する立場の一つである現象学は、眼前にありありと見える事物の存在と、その総体である世界の存在を、そのまま認めようとする哲学である。また、後期のウィトゲンシュタインは、人間が、何はともあれはじめから言語を用いて活動する存在であることを、否定しようのない現実として受け容れようとした。こうしたことがなぜ重要であるのかは、本論をよく読んで理解していただきたいと思う。

ヨーロッパの伝統的哲学は、もちろん長い歴史をもつものであり、非常に多くの哲学者たちによって担われてきた。本書はその中から特にソクラテスとデカルトを取りあげるが、その理由としては、この二人の哲学の内容が入門に適しているということが何と言っても大きい。他の哲学者に比べて、この二人の哲学は、哲学のことをまだ何も知らない人にも理解しやすいということである。どちらも、真の知識を探究するという課題を、非常に見やすい仕方で追求したものにほかならない。この二人の哲学を理解することが最初の課題であると考えていただきたい。

先に述べたことと矛盾したことを言うようであるが、哲学をはじめて学ぶ学生諸君にあっては、まずソクラテスとデカルトの哲学を十分に理解することに努めていただきたいと思う。本書はこの二人の哲学を批判し、この二人との対比において現代哲学の内容を見ようとするものではあるが、だからといって、この二人の哲学を無価値なものとして否定し去りたいわけではない。むしろ逆であって、本書は、この二人の哲学を不朽の価値をもつものとして称揚しようとするものである。本当の意味で知ろうとするという哲学の真正の課題を、二人は見紛いようのない仕方で果たそうとしており、哲学を学ぼうとするものは、そこに見られる根本性や徹底性を共有しなければならないはずである。《事実性》ということがなぜ問題になるのかは、ヨーロッパの伝統的哲学がとってきた思考を共有し、それと対比させなければ理解されえない。《事実性》は、ヨーロッパの伝統的哲学がとってきた思考を徹底させた末に、それに抗するものとして示し出されるものにほかならないからである。この次第を知らなければ、《事実性》という概念がもつ重要な意義は理解されえない。別の言い方をすれば、哲学を批判するまでに徹底的に哲学する姿勢をもたなければ、《事実性》は理解されえないのである。

ただこのように言っても、まだどうにも抽象的すぎて、訳が分からないであろう。具体的に理解していただくには、本論を読んでいただく以外にない。ヨーロッパの伝統的哲学がどのように始まったかを見て、それがどのような探究の試みであったかを知ることから始めることにしたい。

注

(1) Merleau-Ponty, M. *Phénoménologie de la perception* (Gallimard, 1945), p. XI f. 竹内芳郎ほか訳『知覚の現象学1』(みすず書房、一九六七年)、一七頁。

目　次

序章　哲学とは何か

本書は哲学の教科書であるため、哲学が一体どのような学問であるかについての解説から始めなければならない。「哲学」という言葉を見聞きすることは今日決して珍しいことではなく、馴染みを感じている人も多いと思われる。だが、この言葉の本来の意味が世間一般の人々の間で正しく理解されているかといえば、そうは言い難い。この言葉は、人生観や価値観、あるいは何らかの主義や思想のようなものとして理解されている向きが強いと思われる。また、職業等を営む上で持たれる根本的な信念や規範のようなものとして受けとめられていると思えることも多い。だが哲学とは、本来こうしたものとは異なることを意味していた。そのことを、「哲学」という言葉の成り立ちを辿ることによって確かめることにしたい。

「哲学」という言葉は、もともとは日本語の中に存在せず、幕末にヨーロッパから移入された学問の一つを表す訳語として、新たに造られたものであった。哲学は、そもそも日本の文化の中には見出されないような営みであるため、われわれには理解しにくいものを感じさせる。また、「哲学」という言葉に接するだけでは、哲学が何をどのように探究する学問であるのか、理解することは困難であろう。例えば「経済学」とか「生物学」のような学問の場合には、言葉に接するだけで内容を想像することができるであろうが、「哲学」については、この言葉を凝視しても、それが具体的にどのような内実のものであるのか、見当をつけることすら難しい。

ただ、呼び名が内容理解の手がかりにならないという事情については、ヨーロッパ語に関してもほぼ同様のことが指摘されうる。主だったヨーロッパ語に関して言えば、「哲学」は英語ではphilosophy、ドイツ語ではPhilosophie、フランス語ではphilosophieという。このようにほとんど変わらない形をとるのは、これらがすべてギリシア語の*φιλοσοφία*（philosophia ピロソピア）をそのまま引き継いでからである。このためヨーロッパ語においても、「哲学」という言葉は一種の符号にすぎないものになっていると言うことができる。たしかにヨーロッパでは、哲学は伝統的な学問として馴染まれてきたため、ヨーロッパ人は哲学の内実を日本人よりもはるかに容易に想像することができるであろう。しかしヨーロッパにおいても、「哲学」という言葉がその内容をそのまま表しているということはない。したがって、哲学とはそもそも何であるかについて考えようとすれば、その起源である*φιλοσοφία*というギリシア語に立ち帰って、この言葉が生じた事情を振り返らなければならない。

実際、日本語で「哲学」という言葉がはじめて考案されたときにも、念頭に置かれていたのは何よりこのギリシア語であった。このことは、この語を造った西周（周助）の解説を参照するとき明らかになる。次に見るのは、西が文久二（一八六二）年に書いたと推測されるものである。江戸幕府によって設置された研究教育機関（蕃書調所）で哲学講義を行おうとした西は、そのための講義案を書きつけている（もっとも、この講義は結局実施されずに終わったようである）。次に見るのは、その講義案の中の一節である。

ピタゴラスといふ賢人、始めて此ヒロソヒといふ語を用いしより創まりて、語の意は賢きことをすき好むといふことなりと聞えたり。此人と同時にソコラテスといへる賢人ありてまた此語を継ぎ用ひけるが此頃此学をなせる賢者たちは自らソヒストと名のりけり。語の意は賢哲といふことにて、いと誇りたる称なりしかば、彼のソコラテスは謙遜してヒロソフルと名のりけるとぞ。語の意は賢哲を愛する人といふことにて、所謂希賢の意と均しかるべしとおもはる。此ヒロソフルこそ希哲学の開基とも謂べき大人にて、彼邦にては吾孔夫子と並べ称する程なり。[1]

末尾付近に「希哲学」という言葉が挙げられている。φιλοσοφία の訳語として最初に造られたのは、「哲学」ではなく「希哲学」という言葉だったことが分かる。また次に示すのは、明治三（一八七〇）年に行われた連続講義「百学連環」の内容として、西がノートに書きとめているものである。

> Philosophy なる文字の Philo は希臘の φιλο にして英の Love 愛なり、又 Sophy は σοφία にして英の智 Wisdom なり。其意は賢なるを愛し希ふの義なり。……ヒロソヒーの意たるは周茂叔の既に言ひし如く、聖希天、賢希聖、士希賢との意なるが故に、ヒロソヒーの直訳を希賢学となすも亦可なるべし。[2]

末尾付近に見られるように、ここでは「希賢学」という言葉が訳語として提案されている。このように西は、“φιλοσοφία” の訳語として「希哲学」「希賢学」といった言葉を候補として考えていたことが分かる。この両者のうちで、西がその後も使用していったのは「希哲学」のほうであった。こちらが選ばれたのは、「希賢学」という訳語は誤解を招きやすいと西が判断したからだと推測される。二つ目の引用箇所の中でも言及されているように、「希賢」という言葉はすでに漢籍の中で用いられていたため、「希賢学」という言葉を採用すれば、儒教的ニュアンスを感じさせてしまう恐れがあったのである。「希哲学」という訳語を選んだ西が、さらにそれを縮めて「哲学」という言葉を使用するようになるのに、さして時間はかからなかったようである。

二つ目の引用箇所の中で解説されているように、philosophia の前半部の philo は、ギリシア語で「愛」を意味する φίλος（philos）という語から来ている。そして後半部の sophia（σοφία）は、「知」「知恵」「英智」といったことを意味している。したがって philosophia という言葉は、噛みくだいて訳せば、「知を愛すること」のように言い換えられる。このことを西周は、「希賢学」「希哲学」といった語によって表そうとしたわけである。頭に来る「希」という文字は、「願う」「望む」ことを意味しており（「希望」という言葉にも現れている）、ここでは「愛すること」（philos）を表すために用いられている。「賢」とは、もちろん文字通り「かしこい」こと、確かな知を備えて正しく考えることができる状態を意味しており、sophia に対応している。こうして「希賢学」のような言葉が philosophia の訳語の候補として挙げられたわけである。また「希哲学」という語の中に見られる「哲」という字は「さとい」とも読まれるものであり、「賢」が表わすのとほぼ同様のことを意味している。

以上に見たのは、単に言葉の成り立ちに関わることにすぎないが、「哲学」が「知を愛すること」を意味するということは、やはり最初に確かめられなければならないことであろう。哲学とは知ろうとすること、知を追い求めることにほかならない。それは、何かしら人生観や世界観のようなもの、生活したり行動したりする上での根本的な信念や規範のようなものとは、そもそもは異なることを意味していた。

「哲学」が「知を愛すること」を意味するという話は、聞く人によっては新鮮な印象を与えるかもしれない。このような解説に接するだけで、すでに理解が得られたように思う人もいるだろうか。

だが、われわれはここで思考を止めずに、さらに考えなければならないはずである。というのは、ただ「知を愛する」というだけでは、それは具体的に一体何をすることなのか、まだまったく不明だからである。それは何を知ろうとすることなのか、また、それは実際にいかなる営みを行うことなのかが、さらに探究されねばならないはずである。このことが明らかにならなければ、哲学は単なるもの知りになろうとすることと変わらないということにもなりかねない。

ただ、この問題に対して明確な答えを与えることは、思いのほか難しい。ヨーロッパの哲学の歴史をわずかに概観するだけで、これまで非常に多くの哲学者が存在してきたことや、哲学者たちの間で探究のテーマも探究の姿勢も大きく異なることが知られるからである。「知を愛すること」が具体的に何を知ろうとすることなのか、どのような探究を行うものなのかを正しく捉えることは、実は容易ではない。

この問題について考えるために何らか手がかりを得ようと思えば、有効な手段の一つは、やはり原点に立ち帰ることであろう。言い換えれば、ヨーロッパにおいて哲学がどのように始まったのかを検討することである。そもそもの開始において哲学がどのようなものであったかが分かれば、当然、それがどのような営みを意味するのかも知られることになる。哲学が古代ギリシアにおいて誕生したことはすでに言及されたが、それがいつ誰によって、どのような経緯や脈絡において始められたのかが、明らかにされなければならない。

では、こうした原点はどこに求められるであろうか。最初の引用箇所の中で西が「ソコラテスこそ希哲学の開基とも謂べき」と言っていることを見返されたい。西は哲学の原点をソクラテスに求めていることが分かる。なお、後ほど明らかになることを先取りして言うことにすれば、われわれも西と同様に、ソクラテスこそが哲学を実質的に始めたと見なそうとするものである。

このように言えば、ソクラテスに先立つ時代のギリシアにも哲学が存在したではないかという反論がすぐさま返ってくるはずである。周知のように、ソクラテス以前の時代にも「自然哲学」と呼ばれる哲学が存在し、その嚆矢はタレスであったというのが定説になっている。このように、「哲学」に関しては、その開始をどこに求めるべきかが容易には決められないという問題がある。この辺りの事情について、ここで幾分か検討してみることにしたい。

タレスをもって哲学の始祖とする見方が確立したのは、アリストテレスが『形而上学』の序盤で、自分に先立つ探究者や哲学者を列記して解説したことが大きなきっかけになっている。以下しばらく、アリストテレスが述べているところに従って、「哲学」とは何かという問題について考えてみることにしたい。

『形而上学』の冒頭で「すべての人間は、生まれつき知ることを欲する」(3)と断言するアリストテレスは、続いて「知者（sophos）」について論じている。動物と違って人間には記憶する能力が備わっているため、人間は多くの経験を経ることによって、多くの個別的な知識を蓄えることができる。誰それが風邪にかかったとき、これこれの対処法が有効であったというような知識が集積するわけである。だが人によっては、このような個別的な知識にとどまらずに普遍的な判断に至ることがあり、このとき人間は「学問」ないしは「技術」の次元に到達するとアリストテレスは言う。この次元においては、風邪にかかった人が誰であるかに関係なく、どのような対処法が有効であるかに関する知識が得られるということである。そして、このような知識の探究が進むと、生活のために役立つとか、快楽が得られるとかに関係なく、純粋な知識や理論が好んで求められてゆくことにもなる。アリストテレスは、このような知識を求める人を「知者（sophos）」と呼んでいる。(4)

さて、アリストテレスが「哲学者（知を愛する人 philosophos）」と呼んでいるのは、このような純粋な知識や理論を求める姿勢をさらに徹底させる人のことである。「哲学者たちがこうした認識を追求したのは、明らかに、ただひたすら知らんがためであって、なんらの効用のためにでもなかった(5)」とアリストテレスは言う。そしてこのような探究は、「物事の第一の原因」を明らかにしようとするところに向かうという。これに関する知識こそが、最も根源的な知識だと言うことができるからである。

アリストテレスによれば、このような「第一の原因」についてはじめて論じたのがタレスであったという。(6)「第一の原因」は水であるとタレスは言った。自然は究極的には水から出来ているとタレスは考えたのである。水は様々に姿を変えることができる上に、いかなる生物にとっても不可欠なものであることが理由であったと推測される。

だが、「第一の原因」としてこのような物質を挙げるだけでは、探究はまだまったく不十分であるとアリストテレスは言う。これだけでは、自然の中でいかにして運動や変化が生じるかといったことを説明することができないからである。石の塊や木片があるだけで家が建つことはない。家が建つには、家を建てる人とその働きかけ（始動因）といったこと、また、その人が思い描く家の姿や形（形相因）といったことも原因となっている。(7)そしてアリストテレスは最後に、家が建てられる「目的」を原因として挙げる。(8)「住むため」というような目的がないところで、人が家を建てることはないからである。なおついでに言えば、このように「目的」を原因として挙げるところには、アリストテレスの思考の大きな特徴が表れていると言うことができる。

家を建てるということは、もちろん人工物を作成することであるが、自然の中で生じる運動や変化の過程もこれと同様に捉えられてよいとアリストテレスは考えている。そして、自然の中で生じる過程が目指す目的を、アリストテレスは「善」または「最善」と呼んでいる。なぜなら、目的とは「物事の生成や運動のすべてが目指す終わり」[9]である以上、あらゆる物事にとって善いものに違いないからである。そして、この目的を知る学問こそが最も重要な学問であるとアリストテレスは考えている。

諸学のうちで最も王者的である……のは、各々の物事がなにのために〔なにを目的として〕なさるべきかを知っているところの学である。そしてこの目的は、その各々においてはそれぞれの善であり、全般的には自然全体における最高善である。[10]

この「目的」は、それを目指してそれ以外の物が動くものであるため、それ自身が動くことはない。このような不動の存在は、別のあり様をするという可能性をもたないゆえ、必然的で絶対的な存在である。それゆえアリストテレスはそれを「神」とも呼んでいる。そして、それはもっぱら精神として存在するものにほかならない。動くことがないということは、物体としては存在しないということを意味するからである。物体として存在するものだけが、他のものによって動かされることがある。絶対的な存在である神は、純粋な精神、思惟の働きとしてのみ存在する。この思惟の働きを、アリストテレスは「理性」とも呼んでいる。自然の中で生じる過程の「第一の原因」を捉えようとするアリストテレスの思索は、このように道徳性や精神性を取り出すところに至っている。

本書は、アリストテレスの考えの是非を検討しようとするものではないため、その内容の概略を示すだけにとどめることにしたい。ここでわれわれが注目したいのは、タレス以降、哲学の探究が深化し続け、より真正なものに変わってきたとアリストテレスが考えていることである。そして、この変化をアリストテレスは、もっぱら物質的なものを問題にする姿勢から、右に見たような道徳性や精神性を強調する姿勢に遷移するものとして捉えている。

『形而上学』の序盤の論述においてアリストテレスは、このように道徳性や精神性を注視する見方をとった哲学として、次の三つを重点的に論じていると見ることができる。それは、アナクサゴラスとピュタゴラス学派、そしてプラトンである。

アナクサゴラスは、自然の原理として「理性」があることを主張した人物であった。アリストテレスによれば、「理性をこの世界のすべての秩序と配列との原因であると言った」(11)点で、アナクサゴラスは際立った存在であった。アナクサゴラスの思索は、アリストテレスが「目的因」と呼んだものにかなり接近していたと言うことができる。ただ同時にアリストテレスは、アナクサゴラスの思索が不徹底なものであったことを批判している。本書で後ほど見ることになる事柄に関わってくることでもあるため、アリストテレスが言っているところをよく確かめておくことにしたい。

> アナクサゴラスにしても、かれはあの理性をば宇宙創造の説明のためにただ機械仕掛けの神として用い、物事がどのような原因で必然的にそうあるのかという難問で行き詰まった場合にそれをかつぎ出してくるが、その他の場合には、事物の生成の原因〔責め〕をすべて理性より以外のものに帰している。(12)

アリストテレスに言わせれば、アナクサゴラスは「理性」という最も重要な事柄を便宜的に利用しているにすぎない。アナクサゴラスは自然を機械仕掛けのものとして説明しようとしており、「理性」について述べてはいるものの、機械論的な説明に行き詰ったときにそれを持ち出しているだけだというのである。アナクサゴラスは、自然の原理を探究するのに、物質的なものから離脱しようとする姿勢をよく示したものの、その離脱は不徹底だったというわけである。

アリストテレスが次に重点的に取りあげているピュタゴラス学派は、数こそが自然の根本的原理であるとする見方をとっていたことで知られる。この人々は、数的関係や数的秩序が世界〔宇宙〕を形成し秩序づけていると考えた。物質と数とのあいだで共通するものがあると考え、数の性質を探究することによって物の性質やあり様を説明しようとするような見方もとっていたようである。ただ、この点を取りあげると話が煩雑になりすぎるので、ここでは分かりやすい事例に注目することにしたい。

ピュタゴラス学派の人々には「10という数が完全な数であり、これがあらゆる数の自然をことごとく包含しているものと思われた」とアリストテレスは言っている[13]。アリストテレスが言及しているのは、「テトラクテュス」（四つ組数）と呼ばれるもののことだと思われる。それは、今日の表記では「$1+2+3+4=10$」と記されるもののことで、これを図にすると正三角形が描かれる（**図1**）。またそこには、1：2，2：3，3：4という比が表れており、それぞれにおいて八度、五度、四度という協和音程が表現されることにもなる。世界（宇宙）がきれいな整数比をとって出来ていることを思わせるものである。

また「$3^2+4^2=5^2$」が成り立つということも、同様に、世界（宇宙）が数的調和をもって構成されていることを思わせるものであろう。もちろんこれは、「ピュタゴラスの定理」という名前で知られているものである。それは、言葉で表せば「直角三角形において、直角である頂角の対辺の長さの平方は、他の二辺の平方の和に等しい」ということであるが、図を見たほうがはるかに分かりやすいであろう。**図2**において、「$a^2+b^2=c^2$」が成り立つということである。

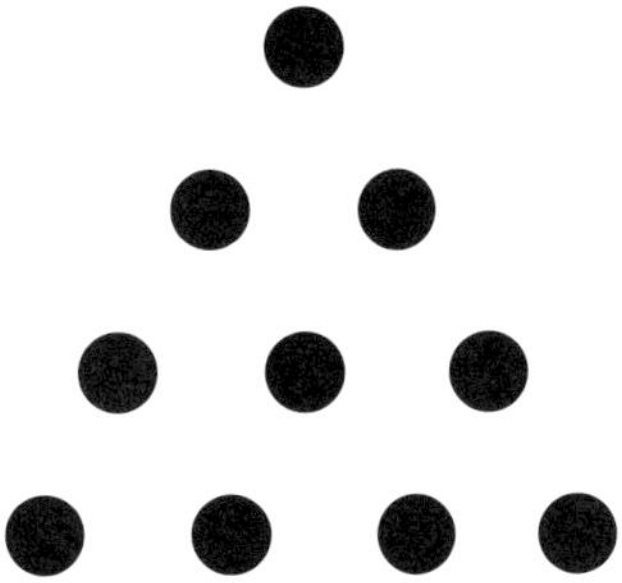

図1　テトラクテュス

われわれが問題にしたいのは、ピュタゴラス学派の説の是非ではなく、自然の根底にくる原理として、物質的なものからかなり離れたものにピュタゴラス学派が注目したという事実である。タレスほかの初期の自然哲学者に比べて、ピュタゴラスの思索は事物に関する具体的な経験から離れたものであり、感覚によるよりも精神によって捉えられるものを重視するようになっていると見ることができる。

ピュタゴラスについては、ディオゲネス・ラエルティオスが興味深い逸話を伝えている（ディオゲネス・ラエルティオスとは、三世紀前半頃の人で、古代ギリシアの哲学

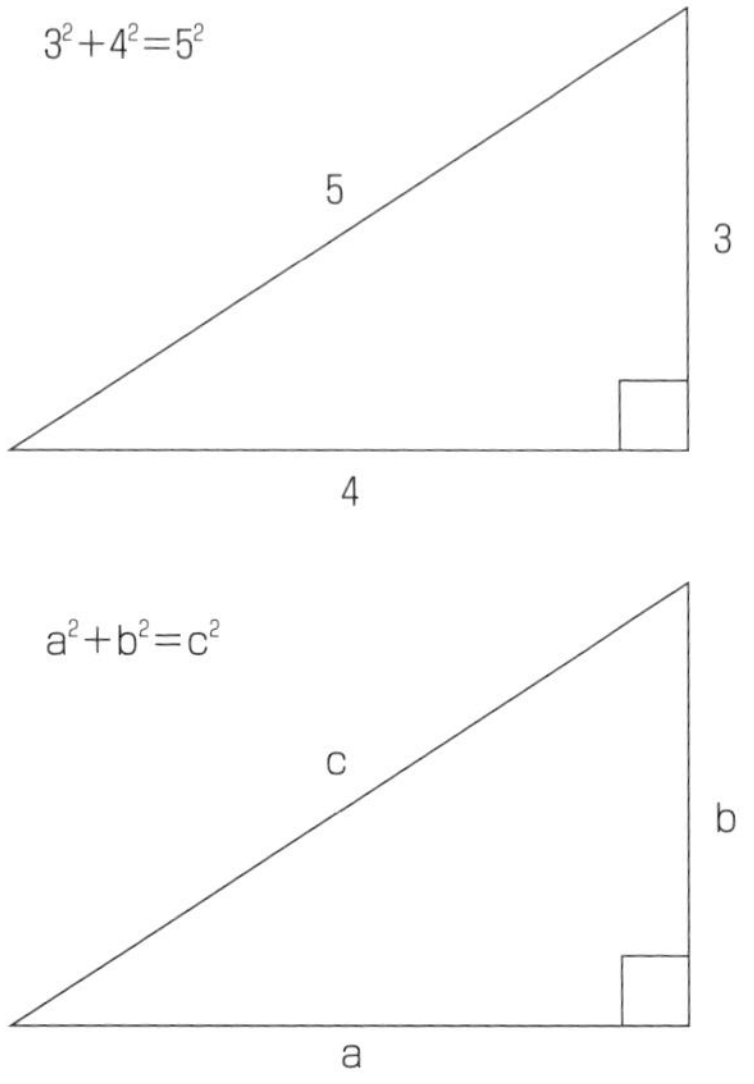

図2　ピュタゴラスの定理

者たちの生涯や学説の内容を列記した『哲学者列伝』を著している人物である。同書の著者であるということ以外は何も知られていない）。『哲学者列伝』に記されているところによると、ある僭主に「あなたは何者か」と訊かれたピュタゴラスは、「哲学者（philosophos）だ」と答えたという。[14]そしてピュタゴラスは、人生を国民的祭典（オリンピック）に例え、それに関わる人間を次の三種類に区分したという。すなわち、そこで競技をする人たちと、そこで商売をする人たちと、競技を観る人たちという三つである。そして、この最後の人たちが最もすぐれた人たちだと言ったという。前二者が名誉や利益を得るという世俗的な関心に動かされているのに対して、最後の人たちは競技そのものを純真な目で観ることのみを試みるからである。それは、純粋に知を愛求し、真理を追求する姿勢からくることだというわけである。

また『哲学者列伝』の別の箇所でディオゲネス・ラエルティオスは、「哲学という語を最初に用い、また自らを哲学者と呼んだ最初の人はピュタゴラスであった」と断定している。[15]この通りであるとすれば、感覚によって物質的なものを捉える経験から離脱し、世俗的な関心からも離れて、純真な探究の姿勢が確立したとき、「哲学」という言葉が生まれたことになる。アリストテレスの見解とも合致することである。

ここで、西周から引用した最初の箇所の内容を振り返ってみたい。そこで西は「ピタゴラスといふ賢人、始めて此ヒロソヒといふ語を用いしより創まりて……」と述べていた。西がこのように書いたのは、ディオゲネス・ラエルティオスが言っていた内容を踏まえてのことであろう。では、最初の哲学者は実はピュタゴラスだったのであろうか。だが先にも見られたように、同時に西はソクラテスを哲学の開始者として認めていた。またさらにアリストテレスは、タレスを最初の哲学者に指定していた。哲学がいつ誰によって始まったのかを見定めようとするとき、われわれは混迷に巻き込まれるばかりであるようにも見える。

この問題に答える前に、アリストテレスが論じているところをもう少し見てみることにしよう。アリストテレスが重視しているもう一人の哲学者は、プラトンである。言うまでもなくプラトンは、大哲学者として今日でもよく知られている人物であるが、アリストテレスはその哲学を、ピュタゴラス学派の哲学に続くものとして位置づけている。そしてよく知られているように、アリストテレス自身もプラトンから哲学を学んだ者であり、プラトン学派に属する哲学者であった（もっともアリストテレスは、自身の思索が深化するのに伴ってプラトンの学説から離れていき、最終的にはそれを全面否定するようになったが）。

アリストテレスによれば、プラトンの哲学の最大の特徴は、感覚で捉えられる事物とは異なる存在者を認めたところにあった[16]。もちろんそれは、「イデア」ないしは「エイドス」と呼ばれたもののことである。純粋な知性によってのみ捉えられるような存在を広範に認める見方は、アリストテレスの哲学の成立を準備するものであったと言える。「エイドス」の存在の仕方を、プラトンとは異なるものとして考えたとき、アリストテレスの哲学が成立したと言うことができるからである。

そして周知のように、プラトンの哲学を成立させたのは、ほかでもないソクラテスであった。若き日のプラトンは、ソクラテスの苛烈な問答活動に接して魂を揺さぶられ、哲学に目覚めることになったからである。

『形而上学』におけるアリストテレスの論述は、ソクラテスについて重点的に述べるものにはなっていないが、言われていることはソクラテスの探究の核心に触れている。それをここで見ておかなければならない。アリストテレスはソクラテスについて次のように述べている。

　ソクラテスは倫理的な事柄には従事したが、全自然についてはまったく関心をもたなかった。そして、倫理的

な事柄において普遍者〔本質〕を探究し、定義について初めて思いをめぐらした。(17)

ソクラテスは自然探究には関心をもたず、もっぱら倫理を探究しようとしたというのである。特に注意せずに読み流されそうな箇所であるが、ここで指摘されていることは非常に重大な意味をもっている。第一章であらためて詳述するが、ソクラテスがこのような関心のもち方をしたのは、アナクサゴラスと対決した結果だったからである。この辺りに関することで、アリストテレスが触れていない事実がプラトンの対話篇『パイドン』の中で記されている。(18)第一章であらためて見ることについて、ここで幾分か述べておくことにしよう。

プラトンが書いているところによれば、ソクラテスは若い頃、自然哲学に期待してアナクサゴラスの著作を非常に熱心に読んだ時期があったという。ソクラテスは、「理性」こそが全自然を統べる原理であるとする説をアナクサゴラスが唱えているらしいことを伝え聞き、アナクサゴラスの考えを知りたいと思ったというのである。だが、アナクサゴラスの著作を読み終わると、ソクラテスの期待は大きな失望に変わったという。というのは、アナクサゴラスの議論は、自然をもっぱら機械構造状のものと見なすもので、空気やエーテル、渦巻運動といったようなことばかりを語るものだったというのである。アナクサゴラスは、一方で「理性」について語っているが、それが自然を統べる原理であると本気では考えていなかったことを、ソクラテスは発見したわけである。アナクサゴラスの著作は失われてしまっているため、今日われわれはそれを読むことができないが、このことはアリストテレスが指摘していることともよく合致しており、それゆえ確かな事実だと考えられる。アナクサゴラスは、自然の運動や仕組みに関して機械論的な説明をつけきることができない場合に、原因として「理性」を担ぎ出したにすぎないのである。

ソクラテスが見出したことは、アナクサゴラスの思索に欠けているものとしてアリストテレスが指摘したこととほぼ正確に重なっている。だとすれば、アナクサゴラスを批判し、アナクサゴラスに欠落しているものを補おうとする方向に進んだソクラテスの探究は、決定的なものを告げるものだったと言うことができる。というのは、それは、アナクサゴラスが越えることのできなかった境界を越え、一線を突き抜けるようにして、道徳性や精神性に向かうものだったことになるからである。『形而上学』におけるアリストテレスの論述は、なぜかソクラテスには大きな注目を払わないものになっているが、アリストテレスが主張するような哲学の本道を切り開いてみせたのは、誰よりもソクラテスだったことになる。

ヨーロッパの哲学は、真の意味ではやはりソクラテスによって始まったとわれわれは考える。ソクラテスの探究は、見られてきたように、それまでには無かった新たな形態の思索を生まれさせたと言うことができるからである。そしてソクラテスの問いは、プラトンの心を捉えて哲学の偉大な業績を生じさせ、さらにはそれに反転するものとしてアリストテレスの哲学を呼び起こした。アリストテレスの哲学は、ソクラテスおよびプラトンの哲学に対立する考えのものではあったが、それとてもソクラテスというきっかけがなければ生まれなかったものである。

古代ギリシアの思索者たちの著作がほとんど失われて現存していない状況の中で、プラトンとアリストテレスの著作は例外的によく保存されて今日に至っている。この二人の著作は、イスラーム世界で保存されて研究される時代を経て、一二世紀に西ヨーロッパに逆輸入された。そしてその後、キリスト教の聖職者たちによって研究され、爾後ヨーロッパで継承されて、哲学の伝統的基盤として働き続けた。

このように、ソクラテスを原点とするような哲学が残り続けたのは、偶然の事情が手伝った結果だと見ることもできる。古代ギリシアには、ソクラテス以外にも重要な思索者や探究者はもちろんいたし、ソクラテスよりも強い影響を及ぼした哲学者がいたことも十分考えられる。

だが、この点を考慮に入れたとしても、その後ヨーロッパで継承され、今日まで続いている哲学にとっては、ソクラテスが原点であるということは変わるものではない。それゆえ、哲学について述べ、哲学に関して書物を著そうとすれば、ソクラテスのことを検討しないでいることはできないはずである。

われわれは第一章において、ソクラテスについて見てみなければならない。その探究の革新性と徹底性によって哲学が本格的に始まった次第を、われわれは見届けなければならないのである。

注

(1) 麻生義輝『近世日本哲学史――幕末から明治維新の啓蒙思想――』(書肆心水、二〇〇八年)、四一頁より再引用(傍点引用者(宮坂))。なお、西周に関する本書の論述は、次の書物に書かれていることに大きく依拠している。田中美知太郎『哲学初歩』(岩波全書、一九七七年)、一頁以下。
(2) 麻生、前掲書、一九二頁より再引用(傍点引用者(宮坂))。
(3) アリストテレス『形而上学』(出隆訳、山本光雄編『アリストテレス全集12』(岩波書店、一九六八年))、九八〇a。
(4) 同右、九八二a。
(5) 同右、九八二b。
(6) 同右、九八三b。
(7) 同右、九八三a。
(8) 同右。
(9) 同右。
(10) 同右、九八二b。
(11) 同右、九八四b。
(12) 同右、九八五a。
(13) 同右、九八六a。
(14) ディオゲネス・ラエルティオス(加来彰俊訳)『ギリシア哲学者列伝(下)』(岩波文庫、一九九四年)、一九頁。
(15) 同右(上)、二〇頁。
(16) アリストテレス、前掲書、九八七b。
(17) 同右。

(18) プラトン『パイドン』(松永雄二訳、田中美知太郎・藤沢令夫編『プラトン全集1』(岩波書店、一九七五年)所収)、九七b—九九b。

第一章　ソクラテス

第一節　問答活動

ソクラテス（Sōkratēs）は紀元前四七〇年（四六九年の可能性もある）にアテナイに生まれ、ペロポネソス戦争による混乱の時代を経た前三九九年に死刑に処されている。ソクラテスの前半生については、庶民の家に生まれた事実や父母の名前等は分かっているが、それ以外に明らかになっていることは非常に少ない。どのような職業や活動を行っていたのか等も不明である。ソクラテスについてよく知られているのは、何と言っても後半生に問答活動を行ったことである。ソクラテスは、当時アテナイで知識人として知られている人に対して問いを発し、その人が答える内容を吟味するという活動を行った。こうした活動を行うようになったのは、ある時アポロン神殿で神託が下ったのがきっかけだったという。ある時ソクラテスの友人がデルポイにあるアポロン神殿に赴いて伺いを立てたところ、「ソクラテスよりも賢い人はいない」という神託が下ったというのである。

この話を聞いたソクラテスは非常に驚き、大いに困惑する。庶民の出であるため教養を身につける機会のなかったソクラテスは、自分は無知な人間でしかないと本気で思っていた。だが他方で神が嘘を言うはずはないとも思うソクラテスは、神託の内容をどう受けとめたらよいのか分からず、神の意思を考えあぐねた。この神託には何か深い意味が隠されているに違いないと考えたソクラテスは、思い悩んだ末、世間で賢いという評判の人たちを訪ねて問いを発し、その人たちが実際に賢いことを確かめようとした。その上で、神託に隠された意味を解明しようとしたのである。ところが、ソクラテスのこの問答活動は、最初の目論見とは逆に、世に賢いと言われている人たちの無知を暴きたてることになる。ソクラテスの問いに対して知識人たちが与える答えは、ソクラテスをまったく満足させなかった。ソクラテスが見るところ、これらの人たちの答えは本当の知を示すものではなかったからである。このような経験を繰り返した結果、ソクラテスは神の真意をようやく知ることができたと考える。すなわち、世に賢いという評判の人たちは、本当のところは知らないのに知っていると思い込んでいる。それに対してソクラテスは、自分が知らないということを自分で知っている。自分の無知を正しく自覚している点で、世間で知識人と見られている人たちよりもソクラテスは賢い。このことを神は告げたのだとソクラテスは解釈し、ようやく神託の意味を理解することができたと考える。

衆人が見るなかで相手の無知を暴きたてるソクラテスの問答活動は、非常に苛烈なものであった。それは相手になった人たちに、ソクラテスに対する強烈な憎悪を抱かせることになり、最終的にソクラテスに対して死刑判決を下させるまでに至っている。

このような帰結をもたらすほどソクラテスの問いが険しかったということも、もちろん注目するべきことであるが、それよりもわれわれがここで注目しなければならないのは、ソクラテスの問いの内容である。当時誰もが認める知識人たちでさえ答えることのできなかった問いとは、一体何を訊くものだったのであろうか。あらためて考えてみると、ソクラテスが具体的にどのようなことを訊いたのかは、常識として知られているとは言えないであろう。それを次に確かめなければならない。

第二節　ソクラテスが訊いたこと

よく知られているように、ソクラテスは自分では著述活動を一切していない。ソクラテスの問答活動の内容を知るためには、プラトンが書き記した対話篇を読まなければならない。とりわけ初期の対話篇が書かれたときには、ソクラテスの問答活動を忠実に再現したいというプラトンの意向が強く働いたと考えられる。次に引用するのは、初期の対話篇の一つである『エウテュプロン』の一部である。ソクラテスの問答活動がどのような具合のものであったかを、かなりよく伝えているように思われる。

ソクラテス　それでは、さあ、ゼウスにかけて、たったいま明瞭に知っていると君が断言したことを、ぼくに言ってくれたまえ。敬神とは、また不敬神とは、殺人が問題であれその他の事柄が問題であれ、どのようなものであると君は主張するのかね？　それとも、敬虔はあらゆる行為においてそれ自身と同一ではないのかね？　また他方、不敬虔は、いっさいの敬虔と反対であるけれども、それ自身とは同じ性格であり、いやしくも不敬虔であるかぎりのものはすべて、その不敬虔という点において、ある単一の相《すがた》を持っているのではないかね？

エウテュプロン　それはもう完全にそうでしょう、ソクラテス。

ソクラテス　さあそれでは言ってくれたまえ、敬虔とは何であり、また不敬虔とは何であると君は主張するのかね。

エウテュプロン　しからば申しましょう。敬虔とは、私が現在行なっているまさにそのこと、すなわち、問題が殺人であれ、聖物窃取であれ、また別の何かそういった類のことであれ、罪を犯し、不正を働く者を、それがたまたま父親であろうと母親であろうと、あるいは他の誰であろうとも、訴え出ることであり、これを訴え出ない

ことが不敬虔なのです。(1)

内容の理解のために、幾分か解説が必要である。ソクラテスがエウテュプロンに会ったのは役所の前であった。エウテュプロンは、自分の父親を犯罪者として訴え出る手続きを役所で済ませたところであった。エウテュプロンの父親は、不手際で大事な使用人を死なせてしまったという。そもそも、この使用人が誤って奴隷を殺してしまうという不始末をしでかしたのであるが、この使用人を仕置きしようとしたエウテュプロンの父親も、それはそれでこの使用人を適切に扱わずに死なせてしまったというのである。父親はこの使用人を縛った上に、溝に投げ込んだままにしてしまったという。

こうしたことが背景にあって、ソクラテスに「敬虔とは何であるか」と訊かれたエウテュプロンは、まさに好都合とばかりに、いま自分が行っていることを敬虔な行為の例として挙げたわけである。たとえ肉親であろうとも、罪を犯した者をきちんと訴え出ることは、まさに法を敬う行為にほかならないと言って、エウテュプロンはソクラテスに対して誇らしげに答えたわけである。

さて、ソクラテスはこのような回答にまったく納得することはなく、エウテュプロンに対して同じ問いを再度つきつけて、返答を迫ることになる。

ソクラテス　いまは、さきほどぼくが君にたずねたことを、もっと明瞭に言うように努めてくれたまえ。だってね君、さっきは、ぼくが敬虔とはいったい何であるか、とたずねたのに、君は充分には教えてくれなくて、君が現に行なっているそのこと、つまりお父さんを殺人罪で訴え出ることが敬虔だとぼくに言ったのだよ。

エウテュプロン　しかも私の言ったことは真実ですよ、ソクラテス。

ソクラテス　おそらくね。しかし、エウテュプロン、君は敬虔なことは他にもたくさんあると主張するのだろう？

エウテュプロン　じっさいまだ、たくさんありますからね。

ソクラテス　それでは覚えているかね。ぼくが君に要求していたのは、そんな、多くの敬虔なことのうちのどれか一つ二つをぼくに教えてくれることではなくて、すべての敬虔なことがそれによってこそ、いずれも敬虔であるということになる、かの相《すがた》そのものを教えてほしいということだったのをね。だって、たしか君は、不敬虔なことが不敬虔であるのも、敬虔なことが敬虔であるのも、単一の相によってであると主張していたのだからね。それとも思い出さないかね。

エウテュプロン　いいえ、たしかに覚えています。

ソクラテス　それならば、その相それ自体がいったい何であるかをぼくに教えてくれたまえ。ぼくがそれに注目し、それを規準として用いることによって、君なり他の誰かなりが行なう行為のうちで、それと同様のものは敬虔であるとし、それと同様でないものは敬虔でないと明言することができるようにね。(2)

ここに見られるように、ソクラテスがエウテュプロンに求めたのは、敬虔な事柄や行いの例をどれか一つ二つ挙げるというようなことではなく、「敬虔とは何であるか」を言うことであった。エウテュプロンが挙げたもの以外にも、敬虔な事柄や行いはもちろんたくさんある。そしてそれらは、エウテュプロンが挙げた行為、すなわち「たとえ自分の肉親であろうとも、罪を犯した者を訴え出る」という大変に稀有な行いとはまったく異なるものである。ソクラテスが知りたいと思ったのは、こうした無数の事例のどれか一つ二つではなく、これらの事例に共通している事柄、すなわち「すべての敬虔なことがそれによってこそ、いずれも敬虔であるということになる、かの相《すがた》そのもの」であった。なお、右の引用箇所で「相」と訳されている言葉は、元のギリシア語では「エイドス」もしくは「イデア」という。

同様のことを「美」という例で考えてみよう。ソクラテスが「美とは何であるか」と訊いてきたら、どのように答えなければならないであろうか。ソクラテスの意図を正しく理解していない者は、やはりエウテュプロンと同じように、美しい物の例を挙げるのではないか。個々の美しい物の例は、無数に挙げられる。自然の風景や人の顔、花や服、物の色や形等々、挙げていけば切りがないであろう。

もちろんソクラテスは、こうした答えにまったく満足しない。ソクラテスが要求したのは、このように美しい物のどれか一つ二つを挙げることではなくて、それらがまさにそれによってこそ美しくあるような美の本質（美そのもの）を示すことであった。

あらためて考えると、「美しい」というのは大変に不思議な言葉である。右に挙げた美しい物たちの間で、何か共通する事象はあるであろうか。自然の風景と人の顔とは、現れとしてまったく異なるもので、現象面で似ている点を挙げるのは非常に難しい。にもかかわらず、両者は「美しい」という点では等しいものと見なされる。なぜどちらも「美しい」と言われるのであろうか。また、物の色と形との間には何か共通する要素はあるであろうか。色と形とは、根本からまったく異なるもので、両者が共有するような事柄を挙げることは不可能であろう。それにもかかわらず、どちらも「美しく」あることができるのはどういうわけであろうか。どちらも視覚によって捉えられるという点は共通しているだろうか。

だが、「美」を視覚的なものに限定することはできない。音もまた美しいと言われるからである。またさらに、人の行為や心根が美しいとも言うであろう。このようにして、個々の美しい物たちのすべてに共通する要素は、いよいよ皆無であることが明らかになる。

このように見てくると、すべての美しいものが共有する「美そのもの」は、これら個々の物とは根本的に異なる在り方をする存在者だということになる。プラトンが「エイドス」あるいは「イデア」と呼んだのは、このような存在者にほかならない。なお、「〜そのもの」と呼ばれるものに存在者としての身分を与えたのは、ソクラテスではなくプラトンであったと考えられる。ソクラテスがもっぱら問いを発する行為に徹したのに対して、プラトンはこの問いに答えを与えようとしたからである。「美とは何であるか」というソクラテスの問いに本気で答えようと思えば、個々に存在するどの美しい物とも異なる「美そのもの」が、どこかに何らかの仕方で実際に存在すると言わなければならなくなる。

このような特殊な存在を設定するまでに至らせたソクラテスの探究は、まさに「知を愛する」ものにほかならなかった。ソクラテスは確かに本当の意味で知ろうとした。「何であるか」と訊いたソクラテスの問いは、重要な事柄に関する真の知識、根源的知識を得ようとするものであった。この問いに答えようとしたとき、感覚で捉えられる物があるのとは別の場所に、まったく別種の存在者があると考えなければならなくなったのである。真の哲学は間違いなくソクラテスによって開始された。「エイドス」ないし「イデア」とは、まさに真に知られなければならないものを意味していた。

なお、ここでついでに言うことにすれば、『エウテュプロン』の末尾では、ソクラテスが激怒する場面が描かれている。ソクラテスの問いに結局のところ答えることのできなかったエウテュプロンは、急ぎの用事があることを理由にその場を立ち去ろうとしたのだが、このことにソクラテスは怒りを覚えたのである。不十分な状態で議論が終わるのは、ソクラテスが我慢できないことだったのであろう。

ソクラテス　これは何ということをしてくれるのかね、友よ！　ぼくの抱いていた大きな希望から、ぼくをふり捨てて行ってしまうなんて。(3)

ソクラテスが非常に激しやすい性格であり、その問答活動が大変に苛烈なものであったことが窺われるであろう。この苛烈さが、真の知識を求める意欲から来るものであったことは、もはや言うまでもない。

第三節　倫　理

ここで、アリストテレスが述べていたところを振り返りながら、ソクラテスの探究の内容をさらに検討してゆくことにしたい。序章で見られたように、アリストテレスは「ソクラテスは倫理的な事柄には従事したが、全自然についてはまったく関心をもたなかった。そして、倫理的な事柄において普遍者〔本質〕を探究し、定義について初めて思いをめぐらした」と言っていた。本章でわれわれが見たことは、「〔ソクラテスが〕普遍者〔本質〕を探究し、定義について思いをめぐらした」と言われている部分に該当している。「何であるか？」という疑問文は、普遍者や定義を求める形をしているからである。

ただ、ソクラテスが自然には関心をもたず、倫理的な事柄の探究に専心したと言われている点については、まだ検討されていない。これが事実であったか否かを確かめることも、われわれが果たさなければならない課題であろう。ソクラテスの知己でソクラテスに関する事実を書きとめたクセノポンが言っているところを、ここで見てみよう。

事実彼は、他の大多数の人たちがしているような仕方で万物の本性について語り合うようなことはせず、知者たちによって宇宙世界（コスモス）と呼ばれているものの成り立ちがどうであるか、あるいは、この天空内にある個々の事物がいかなる必然によって生じるか、といったことを探究しようとしなかった。(4)

彼自身は、もっぱら人間界の事柄について考察を向けながら語り合っていた。敬虔とは何か、不敬虔とは何か、美とは何か、醜さとは何か、正しさとは何か、不正とは何か、思慮分別とは何か、狂乱状態とは何か、勇気とは何か、臆病とは何か、……等々のことについてであり、そういったことに精通している人たちが完璧に立派な人間であるのに対して、無知な者たちは奴隷根性の輩と呼ばれてしかるべきだ、と彼は考えていた。(5)

ここに見られるように、クセノポンもまたアリストテレスとほぼ同様に、ソクラテスは自然や宇宙を探究することを嫌って人間を問題にし、倫理に関する論題について探究したと言っている。証言がこれほど一致している以上、確かな事実が言われていると考えてよい。ソクラテスは間違いなく、自分に先立つ思索者たちがもっぱら自然を探究してきたことを批判し、代わって倫理・道徳に関する事象の探究に専念したのである。ソクラテスにおいてこのような探究姿勢の転換が生じたということは、どういう出来事であろうか。

それは、ソクラテスにおいて真の哲学が誕生したということにほかならない。本書の序章においてわれわれは、哲学はその進展とともに道徳性・精神性へと飛躍するとアリストテレスが考えていた次第を見た。まさにこの飛躍をソクラテスがなしとげたのである。プラトンの対話篇『パイドン』では、アリストテレスの見方に合致して、アナクサゴラスが越えることのなかった一線をソクラテスが越えた次第が記されている。

ソクラテスは、アナクサゴラスが「理性」を自然の原理として取りあげているのを伝え聞き、ついに自分が知りたいことを教えてくれる人物を知ることができたと思って、アナクサゴラスの著作を全速力で読んだという。

理性（nous）が秩序づけている以上は、いかにあるのが最善なのかというまさにその仕方で、すべて（万有）に秩序をあたえ、またそれぞれをしかるべくそこに置いているはずである。であれば、もしひとが、いったいいかにしておのおののものが生成し、消滅し、また存在するのか、というその原因・根拠を見出したいとのぞむならば、これについてひとが見出さねばならないことは、ただひとつ、それは、

――いったい、いかなるありようにおいてあるのが、そのものにとってもっとも〈善い〉のか……

ということなのである。

……

以上のように推しはかりながら、わたしは、およそ存在するものの原因を、わたしの意《こころ》にかなった仕方で教え

てくれるひとを、ついに見つけだした、それはアナクサゴラスにほかならない、とおもいよろこんだのであった。(6)

ソクラテスは、アリストテレスが「目的因」と呼んだものをすでに着想していたと推測される。「住むため」という目的がないところで家が建てられることはないのと同様に、自然の中に見られる生成や変化も、それらが向かう目的がないまま生じることはない。そして突きつめて考えれば、「目的」とは結局のところ「善」以外にはありえない。いかなることに関しても、最終的に目指されるのは「善い」ということにほかならないからである。このように、自然の生成や変化が目指す目的のことを語っている先達として、ソクラテスはアナクサゴラスを見出したと言っているのである。

ところがソクラテスは、アナクサゴラスの著作を読み進めるに従って、失望ばかりを覚えるようになったという。

ところがああ、これほどの期待からも、友よ、わたしはつき放されて、むなしく遠ざからざるを得なかったのだ。この書物を読みすすんでいくにつれ、理性をなんら役立てず、もろもろのものごとをひとつに秩序づけるいかなる原因も、それに帰することなく、かえって、気(空気)とかアイテールとか水とかその他にも多くのまさに場外れなもの!を持出して、それらを原因だとする、そのような男を見つけたときにはねえ。

これでは、たとえば次のようなことをいう人と、すこしも変わらないではないかと、わたしは思った。それはまず、

――ソクラテスは、そのすべての行為を、理性によってなしている――

といっておきながら、さてわたしのなす個々の行為についてその原因を語ろうとするくだりになると、まず、いまここに座っていること、の原因について、こう語るとしてみたまえ。

――ソクラテスの身体をつくっているものに、骨と腱がある。骨は、固く、各片が分離されて、関節のところでつながっている。他方、腱は伸縮自在なものであり、……皮膚とともに、骨を包んでいる。さて、そこで骨が、

それの結合部において自由な動きをなすときに、腱が伸縮して、……〔といった〕原因によって、わたしはいまここに脚をまげて座っているのである――

……そして、真に「原因」であるものは、これをいわずに放っておくのだ。いやそれは、ほかでもない、――アテナイの人たちが、わたしに有罪の判決を下すほうが、〈善い〉と思ったこと、そしてそれ故に、わたしとしても、ここに座っているほうが、〈善い〉と判断したこと、そして彼らの命ずる刑罰ならなにであれ、この地に留ってそれを受けることのほうが、〈正しい〉と判断したこと――なのである。(7)

右の箇所の最終部分を理解するには、少し解説が必要である。『パイドン』の中でこのように語っているソクラテスは、死刑判決を受けて獄中に留め置かれた状態にある。そして、死を前にしたソクラテスは、獄中で何人かの友人や弟子と最後の討論を交わしている。右の発言はそうした状況の中で行われたものである。

ここで言われているように、ソクラテスはその身体の構造のゆえに獄中に座っているわけではない。国家が自分に課した刑罰には、いかなるものであれ服するのが正しいことであり、善いことであると考えているからこそ、ソクラテスは甘んじて獄中に捕えられたままでいるというのである。

アリストテレスが解説していたように、アナクサゴラスは、たしかに自然の原理として「理性」があることを述べていたが、それは難問を解決するために便宜的に持ち出されたにすぎなかった。難問にぶつからない場合には、アナクサゴラスは物質的なものや機械仕掛け的なものに訴えることによって、自然の変化や生成を説明しようとした。だが『パイドン』に登場するソクラテスが主張しているように、「理性」に帰着されるべき事象は、アナクサゴラスが考えていたよりもはるかに多いはずである。歩いたり話したりといった人間の単純な行為ですら、人間の意思がないところでは行われないはずである。それらは人間の身体の機械的な仕組みのみによって生じることはない。畢竟すれば、自然中のあらゆる現象が「理性」を原因とするという見方すら成り立ちえるであろう。

やはりソクラテスの思惟は、それ以前の思索者が越えなかった一線を乗り越えるものであり、それゆえ決定的な突破を果たしたと言うことができる。ソクラテスによって、哲学は間違いなくそれ以前とは異なるものに変わった。ソクラテスによって、哲学は人間の精神や行為、またそれに関わる道徳性を探究するものに転換したのである。

あらためて考えてみれば、こうした事象のほうが人間にとってはるかに重要であることは明らかであろう。人間の生が物的で没価値的な自然現象であることはありえないからである。言うまでもなく、人間は機械ではなく、自ら考え、自ら意志して行為を行う。身体を構成する物質や身体の機械的構造といったことのみを原因として、人間が行為を行うということはない。たしかに人間は、食欲や性欲のような肉体的欲求を満たすために行動することもある。だが、このような欲求のみに突き動かされて行動する人はいないはずである。いかに欲求が充足されるとしても、してはいけない行為があることを人間は知っている。人間は時に欲求を封じて、道徳の規則に従って行動しようとする。したがって、実際の生活の中で人間のあり様や行動を生じさせるのは、身体の仕組み等ではなく、道徳に関する意識にほかならないのである。

したがって、人間にとって真に重要なのは、道徳の規則を知って、それに従って生きることにほかならない。このことをソクラテスは「よく生きる」ことと呼んでいる。

ソクラテス　そこで今度は、……ぼくたちにとって、それは依然として動かないのか、否かということを、よく見てくれたまえ。それはつまり、大切にしなければならないのは、ただ生きるということではなくて、よく生きるということなのだということなのだ。

クリトン　いや、その原則は動かないよ。(8)

ソクラテスによって哲学は、人間にとって真に重要な事柄の探究に転換した。しかもそれは、「何であるか」と問うことによって、最も根源的な知識を求めるものになった。「知を愛すること」としての哲学、真の意味で知ろうとする活動である哲学は、ソクラテスによってはじめて、その真の形態に達したと言うことができる。哲学はその実質的な意味において、やはりソクラテスによって始まったのである。

ソクラテスの探究は、政治家になることを志していたプラトンに、道を変更させて哲学探究に転じさせるほどの衝撃を与えた。プラトンが記した対話篇は、今日も続いている哲学の伝統の中で、最初の本格的哲学書であった。それは、アリストテレスという反対者も得ながら、ヨーロッパの哲学の潮流を形成していった。きっかけとなったソクラテスの思索は、ヨーロッパの哲学の紛れもない原点にほかならないのである。

第四節　ソクラテスの探究によって見失われる「事実性」

さて、われわれがここまで見てきたことは、ソクラテスの哲学の意義を強調するものとなった。だが、それで単純に話がすむわけではない。ソクラテスの問いによってかえって生じてしまう問題があること、ソクラテス的な探究によってむしろ取り逃されてしまうものもあることを、われわれは次に見ることになる。それはまさに、われわれが「事実性」と呼ぶものに関わっている。

「何であるか？」というソクラテスの問いにもう一度立ち帰って考えてみよう。ここまで見てきたようにソクラテスは、もっぱら「善」「美」「正義」「徳」「敬虔」等々といった倫理的な事象について、それは「何であるか？」という問いを発した。だが、少し考えれば容易に気づかれるであろうが、この問いは、道徳的事象だけに限らず、身のまわりに存在するあらゆる事物に関しても発しうるものである。本書の第六章の内容にも関わるため、このことについてここで若干述べておかなければならない。例として「机」を取りあげてみよう。ソクラテスがもし「机とは何であるか」と訊いてきたら、どのように答えることができるであろうか。

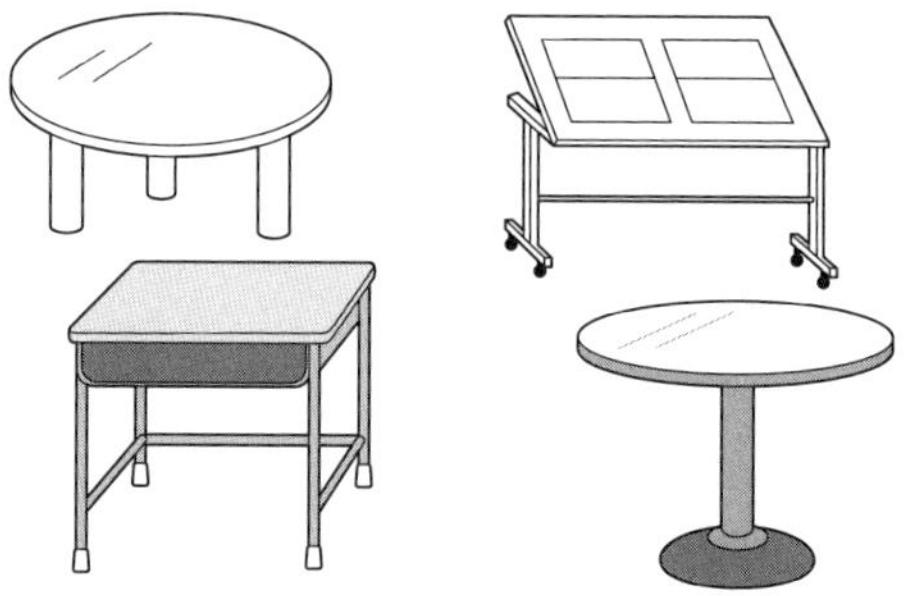

図1-1　机には様々なものがある

道徳の事象について問われる場合に比べて、一見容易に答えられるように思われるかもしれない。だが少し考えるだけで、答えるのが思いのほか困難であることに気づかされる。すべての机に共通する事柄を挙げることは、実際には非常に難しいからである。というより不可能である。板が四角いものもあれば丸いものもある。足が四本のものもあれば、一本のものもある。板が（ほぼ）水平であるという点は共通していると答える人もいるかもしれない。だが、製図用の机は板がかなり傾いている（図1-1）。

その上で何らかの仕事が行われるという点は、共通点として挙げられるように思えるかもしれない。その上で本を読んだり、物を書いたりする、あるいは、その上で食事をすることもあるといった点は、あらゆる机に共通しているように見えそうになる。だが、これも該当しないことはすぐに明らかになる。単に花瓶を置くために机を用いることもあるからである。

このようにして、すべての机に共通する事柄は、現れそうになってはすぐに消えることが分かる。「机とは何であるか」という問いに、感覚で捉えられるような事象をもって答えようとしても成功しない。この問いに対しても、「エイドス」ないしは「イデア」をもって答える以外に途はない。そしてそれは、日ごろ身のまわりに見られるどの机とも異なる、純粋な「机そのもの」と呼ばれる以外にないものである。奇妙なことに、このようなまったく単純な問いに答えようとするだけで、このような特殊な存在者を持ち出さなければならなくなる。

日ごろ身のまわりに見かける、ありふれた物や事柄に関してもソクラテスの問いが立てられること、そしてそれに対しても「エイドス」ないし「イデア」をもって答えなければならないということには、プラトン自身も間違いなく気づいていた。『国家』の中でプラトンは、ソクラテスの口を借りて「われわれが同じ名前を適用するような多くのものを一まとめにして、その一組ごとにそれぞれ一つの〈実相〉（エイドス）というものを立てる」[9]と言った後、この「多くのもの」の例として「寝椅子」と「机」を挙げている。[10]「机」は、「エイドス」ないし「イデア」について考えるときプラトンも挙げている例にほかならない。また『パルメニデス』に登場するソクラテスは、パルメニデスに問い詰められて、「人間」「髪の毛」「泥」「汚物」のような「およそ値打ちのない、至極つまらぬもの」に関してもエイドスが存在することを認めざるをえなくなっている。[11]したがって、プラトンが「エイドス」ないし「イデア」と呼んだものは、日ごろ身のまわりで目にされる、ありふれた物どもについても間違いなく存在するものなのである。

なお、このような帰結が、プラトン自身にとっては必ずしも望ましいものではなかったことに、少し触れておかなければならない。「寝椅子」や「机」、「泥」、「汚物」といったものに関して「エイドス」「イデア」の存在を認めるということは、ソクラテスが問いを発したときの問題意識から大きく外れることになる。ソクラテスが求めたのは、人間が生きてゆくために最も重要な事柄に関して本当の知識を得ることであった。それゆえソクラテスは、道徳に関わる事柄をもっぱら問題にし、それに関して「何であるか」という問いを発し続けたのである。

ソクラテスがもっぱら道徳に関する真の知識を追求したのに比べれば、「寝椅子」や「机」、「泥」、「汚物」といったものを問題にするのは、何やら低級なことに感じられるであろう。このようなつまらないものについても「エイドス」「イデア」の存在を認めなければならないことは、プラトンの意にそぐわないことであった。そのため、パルメニデスに迫られて、これらについても「エイドス」「イデア」が存在することを認めざるをえなくなったときのソクラテスの言葉（すなわちプラトンの考え）は、大きなためらいを伴ったものになっている。

パルメニデス　ではどうかね、人間の形相（エイドス）は？　われわれやわれわれ同様のすべての人間とは別の、何か自体的な〈人間〉の形相（エイドス）は？　あるいはまた火や水のも？

ソクラテス　それらについては、パルメニデス、どちらとも決められずに、何度も迷いました、さっきの場合と同じように、これを認むべきか、それともちがうかと。

パルメニデス　そもそも次のようなものについてもまた、ソクラテス、きみは迷うのかね。それはおかしなものとも思われるだろうが、例えば毛髪、泥、汚物、その他およそ値打ちのない、至極つまらぬものについて、これらのそれぞれにも形相（エイドス）が別に存在すること……を肯定すべきか否かについて。

ソクラテス　いいえ決して。これらの物については、われわれの見ているものが、そのままあるにしても、それらの何か形相（エイドス）みたいなものが存在すると思うのは、おそらくひどくおかしなことになるでしょう。……とにかくそんなことよりは、今しがたわれわれが形相（エイドス）をもつと言っていたもののところへ行って、それらのものについて考察する仕事に自分の持ち時間を当てることにしているわけなのです[12]。

このように問題から逃げようとするソクラテス（プラトン）に対して、パルメニデスは次のように強い苦言を呈している。

パルメニデス　それはきみがまだ若いからだよ、ソクラテス。それはまた愛知の精神（哲学）がまだ深くきみを捉えてしまっていないということでもある。……まだ世人の思わくを気にしている、年のせいでね[13]。

至極つまらないように思えるものに関しても、エイドスの存在を認めざるをえないことは明らかなのに、単に気が向かないというだけでそれについて考えようとしないのは褒められることではない、それはまだ真の意味で哲学していないことを意味するのだと言って、パルメニデスはソクラテスを叱っているのである。

『パルメニデス』に見られるこのようなやりとりからは、プラトンの思考が動揺を見せている様子が読みとられて興味深い。プラトンはソクラテスの問いを正面から引き受け、情熱を込めてイデア論を語ったが、それに難点があることも自覚しており、そのため時に迷いを感じることもあったのである。どのような難点があるか、見ておかなければならない。

第一に、日常で出会う、ありふれた事物や事象に関しても「エイドス」「イデア」が存在すると考えることは、何やら奇妙で倒錯したものを呼び込み、人間の日常の生のあり様をかえって見失わせることになる。日常で何気なく使用する机に関しても「エイドス」ないしは「イデア」が存在するとなれば、人間は普段から、身近に見える個々の机を知覚しているだけでなく、それらと根本的に異なる純粋な「机そのもの」(机のイデア)をも同時に見ていることになる。しかし、このような新種の存在者は、感覚的な知覚の対象とはなりえないもののはずである。日常の知覚のあり様を考察するのに、このように感覚からまったく離れたものを持ち込むことは、やはり矛盾したことだと言わざるをえない。

第二に、「エイドス」「イデア」という、「そのもの」と呼ばれる存在者を認めれば、それは一体どこにどのように存在するのかという問題が生じる。それは日常的な感覚の世界とは異なるところに存在すると考えなければならないはずである。だが、そうだとすれば今度は、そのように存在するものが、日常的な感覚の世界に存在する事物にどのようにして関わることができるのかという問題が生じてしまう。

「机そのもの」(机のイデア)は、個々に存在する「この机」や「あの机」に一体どのようにして関わることができるのであろうか。感覚の世界とは根本的に異なる世界に存在するはずであるから、そもそも関わりをもちえないと考えるのが正しいはずではないか。だが、もし関わりをもたないとすれば、プラトンのイデア論は、その最も根幹の部分を失って瓦解してしまうであろう。「この机」や「あの机」が机であることはできないことになってしまうからである。

第三に、「エイドス」ないし「イデア」の存在を認めれば、言語における意味理解について、ひどく不自然な説明を与えなければならなくなる。「何であるか」という問いは、言葉の意味を訊く問いとしても成り立ちうる。「机とは何であるか」という問いは、「『机』という語の意味とは何であるか」を訊くものとしても理解されうるからである。そもそもソクラテスが問題にしたことは言葉の意味だという解釈すら成り立ちえるであろう。この場合、ソクラテスの問いに正しく答えようとすれば、「机そのもの」（机のイデア）が「机」という語の意味だと考えなければならなくなってしまう。

だが、言葉の意味に関するこのような説明に、本気で納得できる人はいるであろうか。国語辞典の「机」の項の説明として、「個々のどの机とも異なる、純粋な『机そのもの』」のように書かれることはありえるだろうか。このような説明は何とも不自然なものを感じさせる上に、困難な問題をさらに生じさせることになる。例えば、空気の振動やインクの染みが、このような純粋な「机そのもの」を一体いかにして指示することができるのかを、あらためて説明しなければならなくなる（この方面の問題にわれわれは、本書の第六章で取り組むことになるであろう）。

以上の諸点は、私が思いつくままに挙げたものにすぎないが、いずれにしても、ソクラテスの問いを引き受けてプラトンが繰り広げたイデア論が、多くの問題や困難を生じさせることは間違いない。何と言っても大きな問題は、それが、日ごろわれわれが生きている世界、感覚によって捉えられる個物の世界から離れ去るように促す点にある。実際プラトンは、「イデア」という新たな種類の存在を導き入れたとき、それこそが真の存在であると考えて、われわれが日ごろ見ている個々の事物を、イデアの影にすぎないものと見なそうとした。こうして、人間が否応なしに生きる生の現場、それなしには人間の活動が成り立ちえないような実質的事象は、いつの間にか貶《おとし》められ、振り返られなくなってしまう。

このような見方を迷いなく維持することはできるものであろうか。できないとわれわれは考える。ソクラテスやプラトンが行った哲学の活動も、人間がはじめから否応なしに生きる実質的な生が存在しないところでは、成り立ちようがないからである。ソクラテスの問答活動からしてすでに、既存の言語なしには成り立ちえない。「何であるか(ti)」と訊いたソクラテスの問いは、それに先立って、ギリシア人たちの間でギリシア語が取り交わされていなければ発せられなかったはずである。真の知識ないしは根本的知識を追求する活動も、人間がすでに言語活動を行っていて、言語の用い方をあらかじめ知っていなければ、行われようがない。そして、人間の言語活動は、もちろん、それによって営まれる生活と分かちがたく結びついており、それゆえ、個々の事物で満たされた感覚的世界が存在するのでなければ成り立たないものである。

本書は、このように、いかに徹底的な探究を行う場合にも、根底において前提せざるをえない事象があることに注目しようとするものである。こうした事象のあり様を指すのに、われわれは「事実性」という言葉を当てたいと思う。「事実的」に存在する事象は、あまりにも自明であるため、問題にしたり疑問視したりすることが難しい。こうした事象が日常の生活の中で論議のテーマとなることはまずないし、理論的に説明されようとすることもない。それは、あらためて考察の主題にされたり、あらためて説明をつけられたりするのがそぐわない仕方で存在している。

本章の最終節でわれわれは、ソクラテスとプラトンの哲学に対して批判を突きつけることになった。ただ、誤解を避けるためにここで言わなければならないが、われわれはソクラテスとプラトンの哲学を無価値なものとして投げ棄てたいわけではない。むしろ逆であって、これまで述べてきたようにわれわれは、ソクラテスにおいて哲学の開始を見てとろうとするものである。人間にとって最も重要な事柄に関して、最も根本的な知識を手にしようとしたソクラテスとプラトンの哲学は、紛れもなく「知を愛する」という営みの実施にほかならなかった。このような営みに、われわれは最高の敬意を払いたいと考えるものである。

だがだからこそ、このような真正な哲学の営みですら、実は「事実性」を避けることができないことを、われわれは強調したい。たしかに哲学は「事実性」を自明視せずに疑問に付すところに成り立つものであるが、そのような哲学も、実は「事実性」を否定し去ることができないことに、われわれは注目したい。われわれは「事実性」に光を当て、そのあり様を見てとることを試みようとするものである。

このような問題意識の下、次章でわれわれはデカルトの哲学を検討することにしたい。フランスに生まれたデカルトは、一七世紀に主としてオランダで活動した哲学者であり、生きた時代も場所もソクラテスとはまったく異なる。ソクラテスに続いてデカルトについて見ようとすることは、何やら脈絡を欠いたことであり、飛躍を伴っているようにも見えるであろう。われわれが次にデカルトに注目したいのは、それがソクラテスと同様に哲学の原型を示しているように思われるからである。デカルトもまた、最も根本的な仕方で真の知識を追求しようとした人物であり、この点でソクラテスと共通する姿勢をもっていたと言うことができる。次章においてわれわれは、デカルトに即して、真正な哲学の営みの事例をさらに検討し、その上で「事実性」の問題についても考えることにしたい。

注

(1) プラトン『エウテュプロン』（今林万里子訳、田中美知太郎・藤沢令夫編『プラトン全集1』（岩波書店、一九七五年）所収）、五c—e。
(2) 同右、六c—e。
(3) 同右、一五e。
(4) クセノポン『ソクラテスの思い出』（内山勝利訳『ソクラテス言行録1』（京都大学学術出版会、西洋古典叢書、二〇一一年））、八頁。
(5) 同右、一〇頁以下。
(6) プラトン『パイドン』（松永雄二訳、前掲『プラトン全集1』所収）、九七c—d。
(7) 同右、九八b—九九a。
(8) プラトン『クリトン』（田中美知太郎訳、前掲『プラトン全集1』所収）、四八b。
(9) プラトン『国家』（藤沢令夫訳、田中美知太郎・藤沢令夫編『プラトン全集11』（岩波書店、一九七六年）所収）、五九六a。

(10)　同右、五九六b。
(11)　プラトン『パルメニデス』(田中美知太郎訳、田中美知太郎・藤沢令夫編『プラトン全集4』(岩波書店、一九七五年)所収)、一三〇c—d。
(12)　同右。
(13)　同右、一三〇e。

第二章　デカルト

第一節　方法的懐疑とコギト命題

ルネ・デカルト（René Descartes 一五九六年―一六五〇年）はフランスのトゥレーヌ州、ラ・エーで医師の家に生まれた。一一歳のときから九年間、イエズス会がラ・フレーシュに新設したばかりの王立学院で、当時としては最高の教育を受けている。この学院には当時のフランスの全土から俊秀たちが集まっていたことを、デカルト自身が記している。

このような名門校で学んだがために、大学者となって歴史に名を残したのだろうと思いそうになるが、事実はその逆で、デカルトはこの学校での勉学からは確かな知識を得ることができなかったように感じたという。多方面の分野にわたって、非常に多くの知識を習得しなければならなかったため、雑多な印象のほうが残ったのだと思われる。デカルトはむしろ、学んだ事柄に誤りや疑わしさがあったように思い、迷いや混乱ばかりを得たように感じたという。この辺りの事情について、『方法序説』の中でデカルト自身が述べているところを見ておくことにしよう。『方法序説』は、透明感を覚えさせるような明晰な論述からなっており、読者に大きな説得力と啓発性を感じさせる書物である。

私は幼少のころから文字の学問で育てられ、それによって、人生に有用なあらゆることの、明らかで確実な知識を得ることができるといいきかされていたので、それを学ぼうという非常な熱意をいだいていた。しかしながら、学業の課程を全部終えて、人なみに学者の仲間に入れられるやいなや、私の考えはまったく変わった。なぜなら私は多くの疑いと誤りとに悩まされ、知識を得ようとつとめながらかえっていよいよ自分の無知をあらわにしたというほかには、何の益も得られなかったように思われたからである。しかしそうはいうものの、私がいたのはヨーロッパの最も有名な学校の一つであり、この地上のどこかに学識ある人がいるのならば、ここにこそいるはずだ、と私は思っていた[1]。

われわれが日本の学校で経験することを、デカルトの体験に重ね合わせてみることもできると思われる。思い返してみると、特に高等学校で教えられる学修内容は難解である上にかなり煩瑣で、習得しなければならない事柄の量も非常に多い。多くの高校生は、こうしたことに悩みながらも疑問はもたず、教えられる内容を理解・消化することに必死になっているはずである。入学試験に合格して大学に入らなければならないという事情ももちろんある。だが、その後大学に入学して、いったん離れて距離をとれば、教えられた内容が本当に堅固で確かなものだったのか、疑問を感じるようになる人も多いのではないか。また、あれほど煩雑な内容をあれほど広範囲に習得しようとすることに本当に意味はあったのかと、後になって疑問に思う人も少なくないと思われる。

このように感じたとき、われわれは何かをしなければならないはずである。なぜなら、われわれは「哲学」しようとする者、「知を愛する」者だからである。先にソクラテスに即して見たように、われわれは、根本から知ろうとする試みを徹底させなければならない。これまで学んできたことを振り返って、そこから疑わしさや曖昧さが拭えないように思ったとき、われわれがするべきことは何であろうか。

それらから一旦距離をとることではないだろうか。本当の意味で考え、真の知を手にしようと思えば、かつては頭に詰め込む以外になかった知識を一旦すべて考慮の外に置いて、知識を新たに一から積み上げようと考えるのが、自然なことであろう。

デカルトが試みたことも、まさにこうしたことであった。学校での勉学を終えたデカルトは、旅に出ることを決意する。そうすることによって、「書物の学問をまったく捨て」、「世間という大きな書物のうちに見いだされうる学問」(2)を求めたのだとデカルトは言っている。「あちらこちらの宮廷や軍隊を見、さまざまな気質や身分の人々を訪れ、さまざまな経験を重ね」(3)ようとしたという。そうすることによって「学者が書斎でたんなる理論についてなす推理の中によりも、はるかに多くの真理を見つけだせる」(4)と考えたとも述べている。

このようにして試行錯誤を繰り返した末、デカルトはついに、学校で学んだ事柄にとどまらず、それまでに経験したこと、考えたことを一度すべて投げ棄てることを決意する。この決定的決断が下された次第は、『方法序説』の第四部に記されている。「ほんのわずかの疑いでもかけうるものはすべて、絶対に偽なるものとして投げすて、そうしたうえで、まったく疑いえぬ何ものかが、私の信念のうちに残らぬかどうか、を見ることにすべきである、と考えた」(5)という。デカルトは、感覚によって与えられるものも、幾何学の論証も、真ではないものとして棄て去ることを決意する。そして最終的に、それまでに自分の精神に入り来ったすべての考えを、真ではないと想定することを決心する。何らかの考えが精神の中でいかに確かに見えようとも、それが夢の中に現れることもありえるからだという。なお、デカルトが行ったこのような懐疑は、疑うことそのものを目的とするものではなく、真理に至るための手段として行われるものであるため、後の論者によって「方法的懐疑（doute méthodique）」と呼ばれることになった。

この方法的懐疑の果てにデカルトは、「私は考える、ゆえに私はある（われ惟う、ゆえにわれあり）」という有名な命題に行き着いている。いま確かに自分は、すべては夢幻かもしれないと考えて、ありとあらゆることを疑っているが、このように疑うという仕方で考えていることだけは、どうあっても疑うことができないということを言うものである。そして、存在しないものが考えることができるわけはない。したがって、自分がこのように考えるものとして存在することだけは、どうあっても否定できないとデカルトは言うのである。決定的な発見がなされた次第を、デカルト自身の言葉で確かめておこう。

しかしながら、そうするとただちに、私は気づいた、私がこのように、すべては偽である、と考えている間も、そう考えている私は、必然的に何ものかでなければならぬ、と。そして「私は考える、ゆえに私はある」Je pense, donc je suis. というこの真理は、懐疑論者のどのような法外な想定によってもゆり動かしえぬほど、堅固で確実なものであることを、私は認めたから、私はこの真理を、私の求めていた哲学の第一原理として、もはや安心して受け入れることができる、と判断した。(6)

この後にデカルトは、「私は考える、ゆえに私はある」という「哲学の第一原理」からあらためて出発して、他のあらゆる真理を再建する作業に向かうことになる。なお、「私は考える、ゆえに私はある」という命題は、『哲学の原理』等の他の著作では、ラテン語で〝cogito, ergo sum.〟のように記されている。そのため、この命題は「コギト命題」と呼ばれるのが通例である。本書でも、以後この命題を指すときには「コギト命題」という呼び名を用いることにする。

ヨーロッパの哲学の歴史においては、もちろん多くの哲学者が多くの印象的な言葉を残してきたが、その中でもコギト命題は、その意義や衝撃性、影響力の大きさ等の点で別格のものにほかならない。それは、きわめて強力な命題である。デカルトはたしかに、絶対に確実な真理を取り出すことに成功している。デカルトに反対して、コギト命題が誤っていることを示すことができる人はいるであろうか。

このような成果をもたらしたデカルトの思索は、哲学に固有の思考姿勢を見事に表すものだと言うことができる。絶対に確かであることのみを真理として受け容れるというデカルトの考えは、紛れもなく真の知識を追求しようとするものであり、それゆえ、まさに「知を愛する」ものにほかならない。見られてきたように、デカルトはこの営みを、無前提性の追求という仕方で行った。すなわち、いかなるものについても、それを真理として前提することを控えるという仕方である。絶対的な真理を手にするために、デカルトはあらゆる事象について、それが真理であることを一旦は否定するという方法をとった。こうした探究の進め方は、ソクラテスの活動と並んで、哲学の本道と見なされてよい。それはソクラテスの哲学と同様に、本当の意味で知ることを求めるものであった。

第二節　三つの実体

コギト命題を出発点として構成されたデカルト哲学の内容を、次に、「実体（substantia）」についてデカルトが述べているところに注意しながら見ることにしたい。デカルトは『哲学の原理』の第五一節で、「実体」を言い換えて「存在するために他のいかなるものも必要としない[7]」ものだと言っている。すなわちそれは、はじめからそれだけで存在することのできるもののことであり、間違いなく存在して世界を構成している根本的存在者のことにほかならない。したがって、デカルトがどのようなものを実体として認めているかを確かめることによって、デカルトが世界をどのようなものとして捉えていたかを見ることができる。

コギト命題が発見された過程を考えれば、間違いなく存在する実体として最初に指定されるのは、もちろん「精神」である。夢幻かもしれないとしてあらゆるものの存在を疑っても、そのように考える自分が存在することだけはどうあっても否定できないというのが、コギト命題の意味するところであった。それに従えば、最初に実体として取り出されるのは、自分という考える存在である。この存在は、もっぱら考えるものとしてのみ存在するため、物質的なものをまったく必要としない。それゆえそれは、身体にまったく依存しない純粋な「精神（esprit）」ないしは「心（âme）」にほかならない。

では、外界に見られる「物体」については、その存在は否定されてしまうのであろうか。物体の存在は、方法的懐疑の過程において、その真実性がとりわけ疑われたものだと言ってよい。ところが、コギト命題に到達したデカルトは、一転して、物体の存在を確かなものと見なすことになる。精神によって明瞭に見てとられるがゆえに、物体も間違いなく存在することが認められるとデカルトは考えるのである。「精神」として間違いなく存在する私によって、まったく明瞭に見てとられる物体は、間違いなく存在すると断定されてよいというわけである。コギト命題が発見されたときにも、間違いのない真理が見てとられたという確信が伴っていたが、いまやそれと同様の確信をもって、外界の物体が真実に存在することが見てとられるとデカルトは言う。この確信を表現するものをデカルトは「明晰判明の規則」と呼んでいる。「『われわれがきわめて明晰に判明に(fort clairement et fort distinctement)理解するところのものはすべて真である』ということを、一般的規則として認めてよいと考えた(8)」という。

だが、単にこのように言うだけでは、論証として不十分であることは容易に気づかれるであろう。というのは、デカルトは「明晰判明に」見てとられることを真理の条件としているが、このことこそがまさに錯覚かもしれないとして疑われたからである。いかに「明晰判明」に見えるものでも、絶対に確かだとは言えないがゆえに、方法的懐疑が要請されたはずであろう。

無論デカルトがこのような問題を見逃すわけはない。この問題を解決して、考える働きが外界の物体を捉えることができることを示すために、デカルトは神に訴える。人間の精神が物体をありありと捉えるときの「明晰判明性」は、神が成り立たせているがゆえに確かだとデカルトは主張するのである(9)。そして、このことを示すために、デカルトは神の存在を証明する議論を行う。デカルトが提示した神の存在証明は、込み入った内容のものであるが、ここではそれを簡略化して見ることにしたい。

デカルトは、すべてをよく知ることはできず、それゆえ疑うという過程を踏まざるをえなかった自分が、不完全な存在者でしかないことを認めた後、それにもかかわらず完全ということについて考えることができることを問題にする。このことは矛盾に見えるからである。そして、この一見矛盾する事態が成り立つことを説明するためには、完全な存在者である神が完全性の観念を自分の中に植えつけたと考える以外にないとデカルトは言う。そして、神が完全な存在者であるということから、必然的に、神が現実に存在するということが導き出されるという。完全であるということの内には、存在するということも含まれるからである。こうしたことを踏まえてデカルトは、考える存在としての自分だけではなく、神もまた現実に存在すると考えなければならないことを主張する。

私は私のもたないいくつかの完全性を知っているのであるから、私は現存する唯一の存在者ではなく、……私がそれに依存し、私が私のもっているものを、そこから得たところの、他のいっそう完全な存在者が、どうしてもなければならない。(10)

神の存在を証明することができたと考えるデカルトは、考える私が明晰判明に知ることのできる物体について、その存在が証明されたと見なす。神が明晰判明性を成立させることが明らかになったからだとデカルトは言う。物体が存在することを私が明晰判明に知るとき、実はそれが錯覚かもしれないという懸念は、もはや不要のものになったというわけである。物体を私に明晰判明に見えさせている神が、私を欺いていることはありえない。欺くということは、邪心をもっているがために行われる低劣な行為であり、それゆえある種の欠損性を意味する。しかしこのようなことは、神が完全な存在であることと矛盾する。完全な存在である神は誠実でしかありえず、したがって人間を欺くことはありえない。このようにして、神の保証のもとに、眼前にありありと見える物体は、間違いなく存在することが断定されるとデカルトは考える。

このようにしてデカルトは、「実体」として（一）精神（二）神（三）物体、という三つを導き出した。導き出された過程から明らかなように、「精神」と「物体」とは、根本から異なっていて共通するものをもちえないため、互いに独立して存在するものとして、はっきり区別される。デカルトの哲学が、このような「物心の二元論」と呼ばれる見方をとったことは、よく知られているところである。

「精神」と「物体」に関してデカルトが述べていることは、われわれの常識的な見方にも合致して、それを重ね描いているようにも見える。外界の物体に関しても、それは結局のところ、われわれが日ごろ身の回りに見ている通りに存在することが認められている。デカルトは方法的懐疑を実施して根本的な探究を行い、コギト命題という絶対に確実な真理を取り出し、その上で、われわれが日常生きている現実を確かなものとして再構築しているように見える。デカルトの哲学は大きな説得力を感じさせるものであり、非常に強力な性格のものにほかならない。それは、あらゆる人の思考を捕縛しかねない。方法的懐疑がもつ哲学上の意義を認めない人や、コギト命題の確かさを否定できる人はいるであろうか。デカルトが確実な事柄を取り出すことに成功し、そこから新たな出発を果たしたことを知るとき、デカルトが再建を図った知識や学問は、そのまま受け容れられるしかないようにすら思えてこよう。哲学をはじめとする諸学はデカルトによってすでに完成されていると思う人がいてもおかしくないとさえ思われる。

ただ、もちろんわれわれは、デカルトの哲学をそのまま受け容れようとする者ではない。デカルトの後にも哲学は実際に存在したし、デカルトとはまったく別のタイプの哲学者も数多く活動してきた。あらためて考えてみれば、デカルトが示したような強力な哲学が構築された以後にも、さらに哲学が構想されたのは、不思議だとも言える現象である。哲学とは何なのかを真摯に考えようとする者は、これが何故なのかを、一度はしっかり問題にしなければならないはずである。哲学がデカルトのそれとは異なるあり方でも存在しうるとすれば、デカルトの哲学にも何らかの難点があったことになる。それが何であるかが、一度じっくり検討されねばならないはずである。

この課題は、哲学の最重要案件であると言っても過言ではない。この課題は、これ以上ないような徹底性をもつ思索の中に、なお考え直すべきものがないのか否かを問おうとするものにほかならない。これは難しい課題ではあるが、真に哲学することを追求する者として、われわれはそれに取り組むことを避けることはできない。次にこの課題に取り組むべく、デカルトの哲学の内容に検討を加えなければならない。

第三節　デカルト哲学の批判的検討

デカルトの哲学については、それが心身の二元論を帰結させてしまう点が、これまで絶えず批判の対象になってきた。デカルトの考えでは、精神と物体は根本から異なる存在で共通するものをもたないため、両者が関わり合ったり影響し合ったりすることはありえないとされる。したがって人間や動物においても、精神と身体が結びついたり関わり合ったりすることはないはずだということになる。人間や動物の身体は物体にほかならないからである。ところが実際には、人間において両者が共存して結びついていることは、われわれが日ごろ明らかに知っているところである。この結びつきをデカルトは説明することができていないというのが、哲学史の常識になっている。

ただ、この問題はすでに繰り返し指摘されてきたことであるため、それに関する論説は他書に譲ることにしたい。本書では、デカルトの哲学にこれとは別の問題がないかどうか、もっと根本にあって心身問題をも生じさせているような問題がないかどうかを考えてみたい。ここまで辿られただけでも、すでに次のような諸点が指摘されうると思われる。

実体に関するデカルトの議論を辿ると、デカルトは実体に序列を設けているように見えるが、この序列は妥当なものだと言えるであろうか。デカルトの論じ方では、まず精神が存在し、次に神が存在した後に、それに基づいて物体も存在すると言われているように見える。だが、実体とはこのような序列において存在すると言えるであろうか。この序列は、実体が見出だされる順序を言うものであって、存在の位階のようなものを意味してはいないと反論されるかもしれない。だがそうだとしても、この点に関するデカルトの論述は十分ではなく、誤解を与えるものだと言わざるをえない。

われわれの日ごろの生活においては、まず明晰判明に知られるのはむしろ物体の存在であり、自分が意識として存在することが知られるのは後からであろう。われわれが意識として存在することを根拠にして物体の存在が確かめられるとするデカルトの論証は、このように、われわれの日ごろの体験とは逆行するものである。デカルトの議論はわれわれの日常の経験にあらためて確証を与えるものではあるが、このように、それと合致しない点も含んでいる。デカルトが示した実体の序列は本当に妥当なものなのかということが、疑問として呈せられるであろう。

また神の存在証明に関するデカルトの議論は、大きな無理を感じさせるものだと言わざるをえない。神の存在が確実なものとして知られることを、デカルトは至る箇所で強調している。だがデカルトの証明を理解しても、神の存在を明晰判明に知ることができたと思う人はまれであろう。神の存在に関するデカルトの論証は、右で指摘されたこと以上に、われわれの日ごろの経験からかけ離れたものになっている。この論証に本気で納得できる人は少ないであろう。デカルトの哲学を検討しようとする以上は、この論証に対して疑問を呈し、この論証の問題性を指摘しないでいることはできないはずである。神に関するデカルトの議論は、絶対的な確実性を求めるというデカルト哲学のモティーフとは調和しないものにほかならない。

同様にして、デカルトの主張に無理を感じさせる点がないかどうか、われわれはさらに検討しなければならない。次に見てみたいのは、デカルトが物体について述べていることである。先にも見たようにデカルトは、考える私が明晰判明に見てとるがゆえに、物体も間違いなく存在すると論じている。一度は疑われて排除されたわれわれの日常の感覚的経験は、それゆえ、そっくり回復されたかに見える。

だが、物体についてデカルトが論じているところをよく検討すると、われわれが日ごろ体験するところとは合致しないと思われる点も見えてくる。それはデカルトが物体の本性として、〈長さ・広さ・深さ〉からなる空間的な「延長」を指定している点である。われわれは日ごろ、物体をもっと実質を備えたものとして受けとっているのではないか。われわれは普通「物体」を、重さや色、触感などをもったものとして捉えていないだろうか。

デカルトは、このような性質は物体に二次的に属するものにすぎず、それになしには物体が物体でありえないような根本的な事柄ではないと考える。味や香り、色、形、音のような、感覚を通して捉えられるような性質は、まったく容易に変化してしまうがゆえに、物体の本性ではありえないとデカルトは言うのである。蜂の巣から取り出されたばかりのときには固かった蜜蝋も、火に近づけられれば溶け始めて、それがもつ味や香り、色、形のような性質はすぐに大きく変化してしまう。これらと違って物体の本性をなしているのは、こうした性質を抜き去っても残る空間的な広がり以外にないとデカルトは言う(11)。こうした空間的な延長をデカルトは、物体に関してまったく確かなことと見なしている。『省察』で言われているところを見てみることにしよう。

いま、一番さしせまった仕事は……物質的な事物について何か確実なものを手に入れることができるかどうかを調べること、であるように思われる。

しかし、そういう物質的な事物が私の外に存在するかどうかを問う前に、それらの事物の観念を、これが私の意識のうちにあるかぎりにおいて考察し、そのうちのどれが判明であり、どれが混乱しているかを見ておかねばならない。

いうまでもなく私は、量……を判明に想像する。すなわち、……長さ、広さ、深さにおける延長を、判明に想像する。この量のうちにさまざまな部分を数える。それらの部分に任意の大きさや形や位置や場所的運動を帰属させ、かつこの運動に任意の持続を帰属させる。

これらのものは、……私にまったくよく知られていて分明である……。……これらのものについての真理は、あまりにも明らかである(12)。

またこうしたことは、感覚によってではなく「精神のみによる洞見（mentis inspectio）」によって捉えられるとも言われている(13)。物体に関する考察に先立ってデカルトが取り出してあったのは、考える自我であって、感覚する自我ではなかった。精神の考える働きによって捉えられるのは、空間的な延長だとデカルトは言っているのである。

だが、思考によって捉えられるのは空間的な延長だということは、デカルトが言うように明らかなことだろうか。重さや色のようなものは思考の対象にならないのだろうか。もっともこうした問題については、決め手になる解答を得ることは難しいように思われる。われわれが検討するべきことは、むしろ、デカルトが何故このように考えたかということである。物体が空間的な延長を本性として存在すると、デカルトは何故ここまで迷いなく断定することができたのであろうか。

『省察』の別の箇所は、これに対する手がかりを与えている。

> もはや残るところは、物質的事物が存在するかどうかを吟味することだけである。そして確かに、私はすでに、少なくとも次のことを知っている。物質的事物は、純粋数学の対象であるかぎり、存在することが可能である、私はそれらを明晰に判明に認識するのだから、ということである。(14)

ここに見られるように、物体は何と言っても純粋数学の対象として存在するとデカルトは言っている。またさらに別の箇所では、「純粋数学の対象」となるものこそが「物体的本性」であることが明言されている。(15)すなわち、〈長さ・広さ・深さ〉からなる空間的な「延長」という物体の本性は、数学によって捉えられる事柄であるとデカルトは言っているのである。また『方法序説』では、それは「幾何学者の扱う対象」(16)であると言われている。

デカルトが空間的な延長を物体の本性と見なした理由が、はっきり見てとられるであろう。すなわちデカルトは、数学や幾何学が捉えるようなあり様こそが、物体の本性であると確信していたのである。〈長さ・広さ・深さ〉からなる延長とは、幾何学において想定される等質的空間にほかならない。

だが、数学や幾何学の捉えるあり様こそが物体の本来のあり様だと、なぜ言えるのであろうか。重さや色のように実質を感じさせるもののほうが、日常生活を営むわれわれにとっては重要だと言えないであろうか。

ただ、こうした問題に解答を与えようとしても、決め手を見つけるのは難しいであろう。われわれがここで知らなければならないのは、むしろ、物体に関しては数学や幾何学の捉え方こそが正しいとデカルトが考えていたという事実である。デカルトが数学や幾何学に大きな信頼を寄せていたこと、それらを特別視していたことに着目すると、デカルトの主張の特徴が明らかになって、その内容も捉えやすいものに見えてくる。デカルトにとって、数学と幾何学は単にほかの諸学に並ぶものではなく、特別な地位をもつものであった。このことを踏まえて再読すると、数学と幾何学が知らせる内容を、デカルトがはじめから確実なものとして迷いなく受け容れていた次第が見えてくる。

デカルトのこのような見方は、もちろん大きな矛盾を感じさせるものにほかならない。デカルトは既存の知識や学問を一旦すべて棄て去って、何も前提しないことを宣言していたからである。そのデカルトが、数学と幾何学を実は疑わず、それらが知らせる内容を前提していたとなれば、もちろんそれは大きな矛盾にほかならない。この問題は、デカルトの哲学のまさに根幹に関わる重大問題である。

本章の次節でまさにこの問題を検討するわけであるが、その前に、このような見方をデカルトがとるようになった経緯を瞥見しておくことにしよう。

デカルトはラ・フレーシュ学院を卒業した後、志願兵となってオランダの軍事学校を訪ねている。そこでイサーク・ベークマンという自然学者と知り合って共同研究を行っており、それがデカルトの爾後の研究に決定的な方向づけを与えたと考えられる。ベークマンが当時行っていたのは、自然学と数学を結びつけようとする試みであった。ヨーロッパでは一六世紀後半からアルキメデスの業績に関する研究が次第に活発となっており、このことがこのような結びつきを促すようになった。それは、「梃子」や「釣り合い」や「浮力」といった、物体に関する現象を解明するのに、数学を適用しようとするものであった。それ以前には、数学は普遍的で確実なものではあるが、抽象的で観想的でもあり、現実には存在しない対象を扱うもののように思われていた。それが、アルキメデスの営みにおいては、自然探究に接続されうるものとして扱われていたわけである。ベークマンとデカルトの共同研究も、このようにアルキメデスに関する研究が活発化する動向の中で行われたものであった。

自然現象を記述・考察するのに数学を用いることは、今日われわれが思うほど当然のことではない。自然に関して経験的に知られる事象で、そのまま数学的に扱われうるものは、実のところ非常に少ない。自然探究において数学を十分に活用することができるようになるまでには、コペルニクスやケプラー、ガリレオ・ガリレイのような天才的な探究者たちの研究をまたなければならなかった。

この中でも、ガリレオ・ガリレイの研究は、数学を適用することによって自然現象を解明するのに成功した、最も顕著な事例であると言えよう。このことは、ガリレイによる落体運動の研究(17)において特によく見てとられる。それ以前のアリストテレスの自然学では、落体運動は生物現象に似たものとして捉えられていた。平たく言えば、「物は自分から落ちたくて落ちる」と考えられていたのである。落ちて行くのに従って落下速度が増大することはすでに知られていたが、それは、物が自分の故郷（地球の中心）に近づくのに従って、喜んで早足になる現象だと考えられていた。いま見ると何とも笑える説明であるが、アリストテレスのこのような説明は、実際にキリスト教会によって採用されていた。

これに対して、ガリレイは落体運動を、生命的なものがまったく関わらない物理運動として説明することに成功した。ガリレイは時間の経過を量的に捉えて座標軸として設定し、時間に比例して速度が増加する現象をグラフに表現することができた。そして、グラフ上に表れるところに基づいて、距離が時間の二乗に比例することを発見している。このようにガリレイは、幾何学的図形と数式を用いることによって、落体運動の解明に成功している。ガリレイ以前の自然学では、落体運動のような最も身近な運動すら正確に捉えられていなかった。落体運動の解明は、ガリレイの業績の中でも最も重要なものであったと言うことができるであろう。

ガリレイは、自然探究に関する自らの仕事の成功が、数学と幾何学を駆使したことによるものであることを、はっきり自覚していた。そして自然の仕組みは、もっぱら数学的・幾何学的に解明されうると考えた。『偽金鑑識官』に見られる次のガリレイの言葉は、非常によく知られているものである。

哲学は、眼のまえにたえず開かれているこの最も巨大な書〔すなわち、宇宙〕のなかに、書かれているのです。しかし、まずその言語を理解し、そこに書かれている文字を解読することを学ばないかぎり、理解できません。その書は数学の言語で書かれており、その文字は三角形、円その他の幾何学的図形であって、これらの手段がなければ、人間の力では、そのことばを理解できないのです。(18)

このように数学と幾何学を何より重視して自然の仕組みを解明しようとしたガリレイの営みは、それまでになかった成果を生み出したものであり、それゆえ当時の最先端の学知的作業であったと言うことができる。『方法序説』の中でガリレイのことに言及しているところから見て、(19)デカルトがこのような最先端の学問の営みのことを知っていたのは確実である。既存の知識や学問を棄て、学問を新たに根本から作りあげようとしたとき、デカルトがまず手がかりとしたのは、数学と幾何学にほかならなかったのである。というよりも、デカルト自身は、数学・幾何学・自然探究といったことを自分の本業と見なしていたとも考えられる。デカルトは自分を、今日われわれが思うような哲学者としては見ていなかったとも考えられる。

なお落体運動に関するガリレイの研究は、同時に「慣性の法則」を導き出しており、その点でも画期的な成果をあらわすものであった。「慣性の法則」とは、言うまでもなく、外力によって変えられないかぎり物体が同じ運動を続けることを意味している。われわれが日ごろ身近で経験する運動は、この法則に基づかなければ、ほとんど理解されえないと言ってよいが、このような法則もガリレイによってはじめて発見されたものである。弓から離れた矢は、もはや何ものにも押されていないのに飛び続けるし、手から離れたコマも、しばらくの間、地面の上で回り続ける。「慣性の法則」が発見された意義は、とてつもなく大きなものであり、物体の運動に関する理論〔物理学〕の形成をはじめて可能にするものであった。近代自然科学の成立をはじめて可能にするものであったとすら言えよう。

このように「慣性の法則」に基づいて構成される物理学は、自然を自動機械と見なす見方を生み出す。物体は同じ運動を続けるとされるわけであるから、自然の中で生じる諸過程は、放置されるかぎりそれ以前と同じことを続ける現象として考えられるからである。このような見方がとられるとき、自然は、時計じかけのような自動機械として捉えられることになる。これはアリストテレスが、生物現象に基づいて自然の過程を捉えようとしたのとは、もちろんまったく異なる見方である。

さて、デカルトが構想した自然学もまた、まさに慣性の法則を受け入れて、自然を自動機械として捉えようとするものであった。紙幅の都合から、本書ではデカルトの自然学について詳述することは避け、ごく簡単に言及するだけにとどめることにしたい。デカルトの自然学では、宇宙は微小な粒子によって満たされ、その間でたえず運動が伝達されているとされる。この伝達の過程において運動の量は不変であるとされるため、粒子が行う渦状の運動は永遠に続くと考えられた。またデカルトは、人間も含めた動物の身体を自動機械と見なしている。身体は物からなるものであり、精神とは根本的に異なる存在であるとされたため、精神のように自ら働くということはなく、所与の運動をどこまでも続ける機械だと考えられたのである。また、人間と違って動物は精神（理性）を備えていないため、それはそのまま自動機械であるとデカルトは考える。オウムが同じ単語を繰り返し発する現象は、人間が言語を話すのとは根本的に異なる現象であり、同じ動作を機械的に反復するものだとデカルトは考えている。

とまれ以上から、デカルトの思考が、数学と幾何学に基づいて自然を解明しようとする、新たな学問の潮流に乗るものであったことは、まったく明らかである。数学と幾何学は、デカルトが思考し議論するとき根底に置かれていたものにほかならない。それらが感じさせる確かさのゆえに、デカルトはこれらの学問を特別なものと見なしたのである。

もちろんこのことは大きな問題を生じさせる。デカルトが数学や幾何学を実は全面的に信頼していたということであれば、デカルトは、既存の知識や学問を一旦すべて棄て去るという宣言と整合しないことを行っていたことになるからである。言い換えれば、デカルトの懐疑は不徹底だったということである。デカルトの哲学を理解しようとする者、デカルトと同様に哲学しようとする者にとって、この問題は、これ以上ないほど重大なものにほかならない。デカルトの懐疑が実は不徹底であり、それゆえ真正のものでなかったということになれば、それは、デカルトの哲学の意義や価値を疑わせるものであろう。それは深刻な疑惑にほかならない。もしこの疑惑が当たっていれば、哲学に別の道がないか否かをわれわれは探らなければならないことになる。

このような重大な問題について検討するためには、節を改める必要があろう。次節でこの問題について引き続き検討することにしたい。

第四節　デカルトが実は前提していたこと

宣言されていたところと異なって、デカルトの哲学には実は前提されていたことがあったのではないかというのが、われわれが検討しようとしている問題である。

ここでわれわれは、手がかりとして、この問題についてある哲学者が述べているところを参照することにしたい。それはE・フッサールが述べていることである。フッサールとは、二〇世紀にドイツで活動した哲学者で、現象学という哲学の立場を表した人物である。フッサールについては次章であらためて詳述することになるが、本節では、彼がデカルトの哲学を批判した次第を見ることにしたい。

われわれがフッサールの現象学に注目するのは、一つには、それがむしろデカルトの哲学にかなり似た性格の哲学だからである。フッサールの現象学もまた、デカルトと同様に、既存の学問を一度すべて考慮の外に置き、哲学をはじめとする諸学を一から基礎づけ直そうとするものであった。それゆえフッサールは、自らの哲学を「新デカルト主義」とさえ呼んでいる(20)。ところが同時にフッサールは、「デカルト哲学のよく知られている学説全体をほとんど拒否せざるをえない(21)」とまで言っており，デカルトと袂を分かつ姿勢も鮮明にしている。フッサールは、デカルトと同様の道を行こうとしているにもかかわらず――あるいは、だからこそと言うべきか――、デカルトによる無前提の追求に瑕疵があったことを指摘し、デカルトを批判している。デカルトと同様の方向で哲学しようとした者が、なぜデカルトを批判しているのかという問題は、大いに注目されなければならないものであろう。

さて、フッサールによるデカルト批判の内容を見ると、注目するべきことに、それはわれわれがこれまで見てきたところによく重なっている。すなわち、デカルトは何も前提しないと言っていながら、実のところは数学と幾何学および、それらに基づく自然科学を前提していたということである。そして、これらの学問が演繹という手続きによって体系づけられることを、デカルトは当然のことと見なしていたとフッサールは言う。『デカルト的省察』でフッサールが述べているところを見てみよう。

デカルト自身は初めから、学問について一つの理想を持っていた。それは幾何学あるいは数学的自然科学という理想だった。この理想は、……批判的な考察が加えられないまま、デカルトの省察をも規定していた。普遍的な学問は演繹体系という形態をとらねばならず、そこでは全体の構造は幾何学の秩序にしたがって、演繹を絶対的に基礎づける公理論的な土台の上に立てられねばならない、ということはデカルトにとって、初めから当然のことだった。(22)

ここに見られるように、フッサールの批判は、われわれが見たところ以外に、デカルトが「演繹」という手順を妥当なものとして自明視していることに向けられている。この点を次に検討することにしよう。

フッサールが指摘していることは、『方法序説』第五部の冒頭箇所において確かめられる。そこでデカルトは「私はさらに話をつづけて、……第一の真理から私が演繹（déduire）した他の真理の連鎖のすべてをここに示したい(23)」と言っている。『方法序説』第五部では、天体の運動、光や物質のあり様、人間と動物の身体の構造等々、自然科学が探求の対象とする事象が取りあげられている。今日デカルトは哲学者として見られているが、デカルトの探究はむしろ自然研究を本分としていたことをわれわれは思い出さなければならない（『方法序説』は本来、「屈折光学」、「気象学」、「幾何学」に先立つ短い序論にすぎなかった）。

このように自然に関わる知見を、デカルトは、コギト命題を出発点として、演繹という手続きによって導き出そうとした。この点をフッサールは批判しているのである。「演繹（déduction）」とは、正しいことが確かめられてある事柄を出発点とし、そこから推論を通して結論を導き出す手続きを意味する。この手続きの妥当性は、実際のところまず疑われないであろう。そのため、デカルトが「演繹」をもちだしているのを見ても、われわれの多くは特に違和感をもつこともなくデカルトの思考を辿ろうとすると思われる。だが、このことを疑わなければならないとフッサールは言っているのである。あらためて考えてみれば、既存の学問や知識を一切前提せずに、絶対に確実な知識、真の知識を追求しようとする試みにおいては、演繹という手続きを無批判に採用することはできないはずである。フッサールはまさにデカルト主義者であったからこそ、通常は見落とされてしまう問題に気づくことができたと考えられる。

先の引用箇所にも見られたように、フッサールは、演繹の手続きは何といっても幾何学と数学においてとられると考えている。デカルトが実のところ数学と幾何学を無批判に採用していたという、すでに見られてきた問題を、われわれはさらに検討しなければならない。

幾何学や数学において演繹の手順がとられる次第を、ここではユークリッド幾何学の構成に即して見てみることにしたい（伝統的幾何学として通用していたユークリッド幾何学をデカルトが参照しなかったことは考えられない）。ユークリッド幾何学は、「定義」と「公理」を出発点として設置し、そこから証明によって「定理」を導き出すという構成をとる。

「定義」とは、概念や用語をどのようなものとして扱うかを取り決めたものである。それは取り決めであるため、正しいか正しくないかは問題とならない。ユークリッド幾何学では、「点は部分のないものである」、「線は幅のない長さである」といったものが定義として挙げられている。これらは、以後に導き出される内容を理解するために受け容れるしかないものである。

「公理」とは、あまりにも自明であるために、その妥当性が証明なしに認められる事柄のことである。ユークリッド幾何学では、「同じ〔一つの〕ものに等しい〔複数の〕ものはまた互いに等しい」というのが例として挙げられている。こうした事柄はあまりにも自明であるため、かえって証明のしようがなく、それゆえ証明される必要がないとされるわけである。

これに対して、例えば「ピタゴラスの定理」は、右の例のように単純で自明なものではない。「直角である頂角の対辺の長さの平方は、他の二辺の平方の和に等しい」という内容は、かなり複雑であり、自明であるとはとても言えないため、真であることがあらためて証明されなければならない。このように証明されなければ認められないような命題は「定理」と呼ばれる。

幾何学や数学では、「定義」と「公理」に基づいて、このような「定理」を証明して導き出すという手順をとる。これは、すでに定まっていることを出発点として論証を行う「演繹」の手順に重なっている。それは確かさや堅固さを感じさせるゆえに、デカルトはこの手順の妥当性を実際に問題にすることがなかった。そのためデカルトは、この手順を密かに前提して学問を構築しようとしたと、フッサールは言っているわけである。

またフッサールはさらに、こうした事情から、デカルトはコギト命題を、数学や幾何学において公理が果たすのと同じ役割をもつものと見なしてしまったとも言う。それは、演繹の手順において前件が果たすのと同じ役割しか果たさなかったというわけである。このような扱いをされていることが分かると、コギト命題に認められる価値は、当初思われたよりも小さいものに見えてくるであろう。

デカルトの見るところでは、……私（ego）のもつ絶対的な自己確実性は、幾何学において幾何学的な公理が果たしていたのと同様の役割を果たしている〔にすぎなかった〕[24]。

このような役割がコギト命題に負わされたために、デカルトにおいてコギト命題は、自然科学上の知見のようなものを導き出すための出発点として位置づけられている。だが、このような役割を負わされてしまうと、フッサールが指摘するように、コギト命題が本来もっているはずの深遠さは取り逃がされてしまうようにも見えよう。

フッサールの批判は非常に鋭く、大変に重要なものにほかならない。それは、デカルトの哲学のように、これ以上ないほど純粋に無前提性を追求した哲学ですら、何らかの前提を密かに含み込むことがあることを指摘している。デカルトは数学と幾何学および、これらを基礎とする自然科学を実は前提していたという見方に立ったとき、われわれの目には、デカルトの言説は以前とは異なるものに見えてくるであろう。

このような新しい観点に立って読み返されるとき、『方法序説』で言われていることも、これまでとは異なった様相で捉えられることになる。『方法序説』に書かれている内容を捉え直すことを、次に試みよう。

コギト命題のことを知っている読者は、この命題の発見の過程を確かめるという観点から『方法序説』の内容を理解しようとするであろう。だが、あらためて読み返してみると、コギト命題が発見されているのは、同書のようやく第四部においてであり、そこに至るまでに第一―三部の内容が先行している。しかも、この箇所が占める分量は思いのほか大きく、同書の四割ほどにもなる。いま新たな観点に立って、この箇所の内容を検討し直さなければならない。

この箇所で記されているのは、デカルトが学者として辿ってきた経歴や体験、知的履歴といったことである。先にも触れたように、既存の学問の曖昧さや不確かさに悩まされたデカルトが、書物の学問を棄てて旅に出たこと、ドイツ滞在中、炉部屋での思索において自らの知的作業が従うべき方針を固めたこと、その後、当時自由の気風が横溢していたオランダに移り住んだこと等々が述べられている。この箇所は普通、デカルトの哲学を理解しようとするのとはやや異なる関心に従って読まれるであろう。この箇所の内容は、デカルトの生涯や人物像を捉えようとする関心に従って読まれるのがふさわしい。

だが新たな視点に立ってみると、この箇所は、このような関心に従って読まれるだけではすまないことに気づく。われわれはいまや、デカルトがあらかじめ抱いていた考えが、方法的懐疑が実施された後にも、実は密かに前提されたままであるのではないかという疑いをもっているからである。『方法序説』の冒頭の箇所に関してすでに、それをどのように理解するべきかが、重要な問題として新たに浮上してくる。非常に有名な次の一文のことである。

良識（bon sens）はこの世で最も公平に配分されているものである。(25)

この文の数行後で、「良識」という言葉は「理性（raison）」の同義語であることが言われている。この箇所は、デカルトが近代理性の自立を宣言したものとして読まれるのが普通であろう。だが、この主張をどのように受けとめることができるのかは、一般に思われているほど明らかではない。というのは、デカルトが懐疑を本格化させる以前に宣言されたこの内容は、すべてを疑いの坩堝の中に投げ入れるという姿勢が徹底されて以後は無効になったと考えるのが正しいはずだからである。懐疑が徹底された後には、疑われるべき内容に転化したと見るのが正しいはずである。では、『方法序説』の冒頭で示されたこの宣言は、デカルトによって取り消されたと考えられるであろうか。『方法序説』の内容に照らす限り、そのように解釈することはできない。たとえば第五部では、人間は理性をもっている点で動物から区別されることが強調されている。どの人間にも理性の機能は等しく備わっており、それゆえ人間は誰でも自ら思考し判断することができると言われている。したがって、人間の理性を普遍的なものとして顕揚する見方は、懐疑の後にも抱かれ続けた、デカルトの変わらぬ信念であったと考えられる。『方法序説』の全体的論調に照らす限り、懐疑の以前からデカルトが抱いていた信念は、かなりの部分に関して、懐疑を徹底させた後にも保持され続けたと見られる。デカルトにははじめから持たれていた信念や予見があって、それはデカルトが哲学的思索を本格化した後にも保持され続けたと考えられるのである。

そしてやはり何と言っても、数学と幾何学が、ほかの諸学問にはない明らかさと確かさをもっているとされ、それゆえ特別な地位を認められていたことが注目されねばならない。次のような箇所が注目されなければならない。

私はとりわけ数学が気に入っていた。それの推理の確実性と明証性とのゆえに。(26)

それまでに学問において真理を探求したすべての人々のうちで、いくつかの論証を、すなわちいくつかの確実で明証的な推理を、見いだしえた者は、ただ数学者のみであったことを考えて、私は数学者が吟味したのと同一の問題をもってはじめるべきだということを、まったく疑わなかった。(27)

懐疑を徹底させる以前のこととはいえ、デカルトが「まったく疑わなかった（ne doutais point）」と言っていたのを見るとき、驚くのは私だけではあるまい。これら以外にも、類似の主張は『方法序説』の多くの箇所に散見される。右に挙げた箇所はコギト命題が発見される以前のデカルトの考えであるが、コギト命題の発見の後でも、幾何学と数学に関するデカルトの主張には、論調の大きな変化がない。このように『方法序説』を読み直してみると、フッサールが指摘したところに一致して、デカルトが幾何学と数学および、これらに基づく自然科学を、確かな学問として終生変わらずに特別視していたことが明らかになる。

デカルトの哲学は、一見して思われるほど単純で明晰なものではない。たしかにコギト命題は強力で、それが与える衝撃は絶大なものである。またこの命題の内容は、時代や地域に関わらない性格のものであるため、はるかな時代を越えてわれわれの精神にも強く訴えかけてくる。

だが、コギト命題を導き出したデカルトの思考が、実は幾何学や数学を模範として前提していたことを知るとき、デカルトの哲学は強い時代性を帯びたものとしてわれわれの眼前に現れてくる。先にも見られたように、デカルトが活動した時代は、自然を数学的幾何学的に捉えようとする新たな形態の自然探求が成立しようとしていた時期であった。このような学問の新たな潮流に乗るものであったデカルトの哲学は、実は当時の時代的特徴によって強く刻印されたものにほかならなかったのである。(28)

デカルトの哲学のように、無前提性を徹底して追求した哲学ですら、実のところは何事かを前提していたという事実は、哲学という営みをどう見るかに関して、われわれに大きな反省を迫るものにほかならない。すなわち、「知を愛する」という行為を本気で実践しようとする者は、無前提性を追求することがそもそも本当に可能であるか否かを、一度はきちんと考えなければならないのである。

またデカルトの哲学に関して、ここまで見られたことだけにとどまらず、なおほかに実は前提されていることがないか否か、さらに検討する必要があるように思われる。次のような疑問がデカルトの哲学に対して提起されうるのではないかと、われわれは考える。

▼コギト命題は、たしかに最も確実なことを述べる命題であると言える。だが、そこから「考える私」が最も確かな存在者として導き出されるのは妥当であろうか。コギト命題が意味することは、意識の働きが何より直接的で確かに感じとられるということなのではないか。示されたのは働きの確かさであって、存在の確かさとは異なるのではないか。

ところがデカルトは、コギト命題に基づいて「考える私」を存在者として定立し、それを根拠にして外界の事物ほかの存在をあらためて確証しようとする。そのためデカルトは、「考える私」が事物よりも先に来ると考え、存在の序列としても、前者が後者よりも上位にあると考える。精神（esprit）あるいは心（魂）（âme）のほうが事物（chose）よりも先に存在し、それゆえ、より重要な存在者であるという見方がとられてしまうのである。だがコギト命題は、外界の事物と精神・意識との間の存在の先後関係には関わっていないのではないか。外界の事物ほかの存在が精神や意識の存在よりも遅れるということを、コギト命題が意味することはないと思われる。

デカルトの哲学では、われわれが日ごろ知覚するように外界の事物が存在すること、人間も身体として事物と並んで存在することが、最終的には認められている。したがって存在の序列に関しても、論証の途中段階において示されたものをそのまま維持するのではなく、最終的に再考して、新たなものを示すこともできたはずである。人間は身体として事物と並んで存在し、それが考えるという働きも行うという見方を、デカルトもとることができたはずである。このように見方を修正せずに、「意識／事物」という二元論を維持しようとするため、たえず指摘されてきたように、解決できない難問をデカルトの哲学は抱えることになってしまった。よく知られているために、ここで詳述することは控えるが、人間が精神（意識）であると同時に身体（事物）でもあることを説明するために、デカルトは非常に無理のある議論をしなければならなくなっている。デカルトも本来は、身体（事物）として存在する人間が、考えるという働きも行うという見方に転じることができたはずである。

▼右で見られたこととかなり重なることであるが、「考える」という人間の意識の働きは、脳を含めた身体なしに本当にありえるであろうか。もしデカルトがこの点を問われたならば、間違いなく「ありえる」と答えたであろう。というのは、デカルトはコギト命題を根拠にして、まさにこのことがありえることを主張したからである。コギト命題は、ほかのあらゆる事柄が夢や幻であるとしても、思惟活動だけは確実なこととして見出されることを言うものである。それゆえデカルトは、考える働きを本性とする「思惟実体」を、空間的拡がりを本性とする「延長実体」とは根本的に異なるものと見なした。人間の身体は当然「延長実体」に属するものであるから、「考える」という働きは身体からまったく独立したものであるとデカルトは言う。

だが、デカルトの哲学にいかに敬意を払う人でも、人間が身体（脳）を持たずに考えることができると本気で考える人は、まずいないであろう。先にも述べたように、デカルトは最終段階で存在に関する見方を修正しなければならなかったのである。デカルトは二元論的な存在論を廃棄し、人間が身体として存在して、それが考える働きも行うという見方をとることができたはずである。人間の意識の働きについて考察することは、もちろん哲学の最重要の課題の一つであるが、それは、脳を含めた身体のことを考慮に入れて行われなければならない。

▼あらためて考えてみれば、コギト命題の内容はデカルト自身についてのみ確かめられたものであり、デカルト以外の人に関して同じことは言えないはずである。デカルトは自分自身に関して意識活動の直接的な確かさを見出したが、この確かさを他者に関しても同様に認めることはできないはずである。ところがデカルトはこのことを問題化せず、自分に関して見出されたことを即座にすべての人間に当てはめ、コギト命題の内容を、どの人間に関しても主張されうる普遍的な真理と見なしている。

だが、他者が自分と同様に思惟する者であることは本当に確かめられるのか、他者の意識内容を知ることができるのかといった問題は、本来は大変な難問として立ち上がるはずである。しかもこの問題は、無前提性を求める探究においては、とりわけ困難なものとして取り組まれねばならないはずである。自分以外の人間は、自分の外部に存在するものとしてしか経験されえない。自分が自分に直接与えられているのに対して、自分以外の人間は、物に並存する仕方で与えられる以外にない。したがって、自分以外の人間を自分と同様の存在と見なそうとするならば、そのような見方が可能となる次第を周到に論証しなければならないはずである。この問題は、よく知られているように、現代哲学では「他者問題」として頻繁に取りあげられるものである。

デカルトも『方法序説』の第五部において、たしかに他者問題を検討している。だが、そこで述べられている事柄は、無前提性を追求する姿勢に鑑みれば、素朴にすぎるものである。すなわちデカルトは、自分以外の人が言語を話し、無限の適応行動をとって状況に対応することができるのを見るとき、その人も自分と同様に精神（理性）を備えていることが見てとられると言っている。動物が普段から同じ行動を機械的に反復して、外界からの刺激に対して単純な反応しか示さないのと比較したとき、人間がそのつど精神を用いて判断を下していることは明らかだとデカルトは言う。他者の行動は、それを指示する意識の働きが背後にあると考えなければ理解不可能だとデカルトは言う。

だが、こうしたことは間接的に推認されることにすぎず、絶対的な確実性を追求する哲学において示されることではないであろう。絶対的な確実性を追求する哲学において強調されるべきことは、むしろ、自己の意識活動と異なって、他者の意識活動は直接的には感じとられないということのはずである。自己と他者とでは与えられ方が根本的に異なっていることを考慮に入れず、他者を自己と同様の存在として扱おうとしている点には、前提してはならないはずのことを前提してしまう姿勢が見られる。あらためて考えれば、先に見られた「良識（bon sens）はこの世で最も公平に配分されているものである」という有名な言葉も、すべての人間が等しく理性の担い手であることを、自明なこととして前提するものにほかならないであろう。『方法序説』の内容は、一般に思われているのとはむしろ逆に、すでに冒頭において強い断定によって彩られていると見ることさえ不可能ではないのである。

▼言語なしにコギト命題を提示することはできるだろうか。また、コギト命題が言語なしに理解されることはありえるだろうか。デカルトを読んでコギト命題についてはじめて知ることのできた人も、やはりあらかじめ言語を理解できていなければならなかったはずである。そうだとすれば、コギト命題が表わすような無前提性は、はじめから破綻している恐れすらあるであろう。

デカルトはコギト命題をフランス語とラテン語で記している。このように言語を用いなければコギト命題を主張することができなかったとすれば、言語を前提している点で、デカルトによる無前提性の追求は徹底したものではなかったことになる。

また言語が前提されるということは、単に言語そのものにとどまらず、さらにそれ以上のことが前提されることを意味する。というのは、言語を発するという行為は、やはりそれを受けとる人がいるからこそ行われるからである。すなわち言語を発するということは、自分以外の人間の存在を同時に前提することでもあるのである。独り言を言う場合のように、受け手が存在しないところで言語が発せられることもたしかにあるが、それは派生的で例外的なケースにすぎない。言語を発するという行為は、根本的・原初的には、受け手に届くために行われるものであり、独り言を言うのは、自分だけがいるところで、根本的・原初的な行為を模倣ないしは反復する行為にすぎない。

言語を発する行為がその受け手を不可避的に要請するということは、さらに重要な事象を帰結させる。というのは、言語を発する行為は、結局のところ、人間の共同体の存在を前提していることが明らかになるからである。人間が言葉を発するのは、目の前にいる誰かに話をするときや、知人に手紙を書くような場合に限られない。人間は、与り知らぬ人、多数の不特定の人々のことを念頭に置いて、言葉を発することがある。このことは、書物を著して自分の考えを表明しようとする場合を考えれば、明らかであろう（これはまさにデカルト自身が実際に行ったことにほかならない）。読む人がいないことがもしあらかじめ分かっていれば、誰もはじめから書物を著そうなどと思わないであろう。人が書物を著そうとするのは、誰かが自分の言葉を受けとり、自分の考えを知ることもあると思うからにほかならない。そして、誰が自分の著書を読むことになるのかは、もちろんあらかじめ分かることではない。このように考えると、言語を発するという行為が、結局のところ、自分の知らない人たちをも含んだ人間の共同体をあらかじめ前提していることは明らかである。実際に、『方法序説』においてデカルトが語っている口ぶりからは、デカルト自身が読み手を非常に意識していた次第が伝わってくる。『方法序説』の第六部で記されているところを見ると、自分の著書の内容が読者によってどのように受けとめられるかを、デカルトが大いに気にしていたことは歴然としている。

コギト命題を表明することが、実際のところは、言語の存在と人間の共同体の存在をあらかじめ前提しているということであれば、それが意味するところは大変に重大である。無前提性を追求することによって生まれた成果が、実は、人類全体の存在を前提していることになるからである。コギト命題の表明は、実のところは、途方もなく大きなものを前提していることになる（なおこの問題は、本書の第五章であらためて検討されることになる）。

このように見てみると、コギト命題の導出を、単純に、絶対的確実性を追求した成果と見なすことができないことは明らかである。一見思われるのとは違って、デカルトの哲学は、実際のところかなり多くのことを前提していると言わざるをえない。無前提性を最も純粋に追求した哲学が実は多くのことを前提していたということになれば、それはもちろん非常に重大な問題にほかならない。哲学の営みを絶対的な確実性の追求として行うことはできないのか、できないとすれば、哲学の営みとしてはどのようなものがありえるのかといったことは、哲学をめぐる最重要の問題だと見られてよいものである。こうした問題をわれわれはさらに検討しなければならない。

このような問題意識に基づいて、われわれは次にフッサールの現象学を検討することにしたい。先にも見られたようにフッサールは、デカルトに対して正鵠を射た批判を突きつけていた。それはまさに、デカルトの哲学には実は前提されていることがあったことを指摘するものであった。このようにデカルトを批判するフッサールがどのような哲学を示したかを、われわれはぜひとも見てみなければならない。無前提性の追求が本当に可能なのか否かという問題、また、前提を回避することが実際にはできないとすれば、一体どのような哲学が可能であるかといった問題を、われわれはフッサール現象学に即して検討しなければならないのである。

注

（1）Descartes, R., *Discours de la méthode*, in: Adam, Ch. & Tannery, P.(ed.), *Œuvre de Descartes VI* (Librairie philosophique J. Vrin, 1973), p. 4f. 野田又夫訳『方法序説』（野田又夫責任編集『世界の名著27　デカルト』（中央公論社、一九七八年）所収）、一六五頁以下。以下、同書からの引用に際しては*DM*と略記する。

（2）*DM*, p. 9. 邦訳、一六九頁。

（3）*Ibid.* 同右。

（4）*DM*, p. 9f. 邦訳、一七〇頁。

（5）*DM*, p. 31. 邦訳、一八七頁以下。

（6）*DM*, p. 32. 邦訳、一八八頁。

（7）Descartes, R., *Principia philosophiae*, in: *Œuvre de Descartes VIII-1*, p. 24. 井上庄七・水野和久訳『哲学の原理』（前掲『世界の名著27　デカルト』所収）、三五四頁。

（8） *DM*, p. 33. 邦訳、一八九頁。
（9） *DM*, p. 38. 邦訳、一九三頁。
（10） *DM*, p. 34. 邦訳、一九〇頁。
（11） Descartes, R., *Meditationes de prima philosophia*, in: *Œuvre de Descartes VII*, p. 30f. 井上庄七・森啓訳『省察』（前掲『世界の名著27 デカルト』所収）、二五〇頁以下。
（12） *Ibid.*, p. 63. 邦訳、二八二頁以下。
（13） *Ibid.*, p. 32. 邦訳、二五二頁。
（14） *Ibid.*, p. 71. 邦訳、二九〇頁。傍点引用者。
（15） *Ibid.*, p. 74. 邦訳、二九二頁。
（16） *DM*, p. 36. 邦訳、一九一頁。
（17） ガリレイによる落体運動の研究については、次の拙著における解説を参照していただければ幸いである。拙著『科学技術の現況といま必要な倫理』（晃洋書房、二〇一九年）、五二頁以下。
（18） ガリレオ・ガリレイ『偽金鑑識官』（山田慶児・谷泰訳、豊田利幸責任編集『世界の名著26 ガリレオ』（中央公論社、一九七九年）所収）、三〇八頁。
（19） *DM*, p. 60. 邦訳、二〇九頁。
（20） Husserl, E., *Cartesianische Meditationen: Eine Einleitung in die Phänomenologie, Husserliana Bd. I* (Martinus Nihoff, 1950), S. 43. 浜渦辰二訳『デカルト的省察』（岩波文庫、二〇〇一年）、一七頁。以下、同書からの引用に際しては*CM*と略記する。
（21） *CM*, S. 43. 邦訳、一七頁。
（22） *CM*, S. 48f. 邦訳、二七頁。
（23） *DM*, p. 40. 邦訳、一九五頁。傍点引用者。
（24） *CM*, S. 49. 邦訳、二七頁。
（25） *DM*, p. 1. 邦訳、一六三頁。

（26） *DM*. p. 7. 邦訳、一六八頁。
（27） *DM*. p. 19. 邦訳、一七八頁。
（28） この点を明らかにしたものとしては、次の論文がある。本節の内容もこの論文から多くを教えられて書かれたものである。佐々木力「〈われ惟う、ゆえにわれあり〉の哲学はいかにして発見されたか」、同『近代学問理念の誕生』（岩波書店、一九九二年）、所収。

第三章　フッサール

第一節　双方向性の哲学としての現象学

エトムント・フッサール（Edmund Husserl 一八五九年―一九三八年）は、当時オーストリア領（現在はチェコ領）であったプロスニッツにユダヤ系ドイツ人の子として生まれた。ベルリン大学では、大数学者ヴァイアーシュトラスのもとで数学を学び、その後一八八四―八六年に、ウィーン大学でブレンターノの講義を聴いて哲学に転向している。ただ、転向後も関心は数学の問題に向かっており、八七年の就職論文は「数の概念について――心理学的諸分析――」、九一年に書かれた最初の著書は『算術の哲学――心理学的および論理学的研究――』と題されている。これらにおいては、数を構成する人間の意識の働きを心理学的に解明することによって、数の存在を説明することが試みられている。

考えてみれば、《数》は独特の謎めいた在り方をする存在者である。数がそれ自体として、われわれの身近に存在するということはない。日常の生活の中で、われわれの周囲に存在するのは、机や椅子、コップ、ペン、本のようなものであり、数がそれらに並んで存在するということはない。だがそれにもかかわらず、われわれは日ごろ数を、それ自体として存在するものとして扱い、計算等の行為を行う。それゆえ、数をそれ自体として存在するものとして考える姿勢は、われわれが生きていく上で必須のものにほかならない。四則計算ができなければ、われわれはスーパーで買い物をすることすらできないであろう。一〇〇円のリンゴを二個、一膳四〇円の箸を二膳購入するとき、われわれは頭の中で 100×2＋40×2＝280 円のように計算する。

われわれは日ごろ、このようにリンゴや箸に「2」という数を適用して計算するが、この「2」そのものは知覚世界のどこにも存在していない。目の前に見えているのは、二つの赤い球状の物体と二セットの二本の棒きれだけである。二つの赤い球状の物体と四本の棒きれとでは、知覚される対象としてはまったく異なった在り方をしている。だがそれにもかかわらず、われわれはこのどちらも「2」として扱い、値段の計算等を行う。どちらに関しても共通して「2」という数を使用することができなければ、われわれの生活は至極不便なものになってしまうであろう。

では「2」のような数は、どこにどのように存在するのであろうか。『算術の哲学』のフッサールによれば、それは、集めたり数えたりする人間の心の働きによって生み出された後、人間の心の中に観念として存在し続けるという。このように、あらゆる事象を、それに関わる人間の心の働きを研究することによって解明することができるとする考えは、「心理学主義」とも呼ばれる。それは、心理学が当時目ざましい成果をあげていたことから生じたものであった。この見方に即せば、数学的思考や論理学的思考も人間の心理現象の一つなのであるから、人間の心の働き方を探究することによって、数学的観念や論理学的概念が生じてくる起源や過程を経験主義的に解明することもできるということになる。

だが、このような心理学的な説明が単純には成り立ちえないことは、容易に気づかれるであろう。二個のリンゴに関する経験と二膳の箸に関する経験とは、まったく異なる内容のものであるため、心理学的な説明に従う限り、この二つの経験から同じ「2」という数が生じることはないはずだからである。ところが、このどちらに関しても同じ「2」という数を用いるということができなくなれば、われわれの計算行為は成り立たず、われわれの日常生活はひどく不便なものになってしまうであろう。ということは、「2」という数によって意味される事柄は、リンゴや箸に関する経験の内容とは別のものとして考えられねばならないはずである。またこの場合に限らず、いかなる数に関しても、それが理解されるまでに経過される経験は、一人一人異なっているはずであろう。したがって、数が表わすことは、こうした違いに関係なく同一のものでなければならないはずである。

このような在り方は、第一章でソクラテスとプラトンに関して見られた「エイドス」ないしは「イデア」の在り方に似ている。すなわち、現実に存在する机は非常に多種多様で共通するものをもっていないにもかかわらず、すべて「机」と呼ばれるのと同様の仕方で、「2」のような数も、まったく異なる事象に対して等しく適用されるのである。しかもそれは、「机のイデア」のようなイデアよりもさらに高次のイデアにほかならない。三つの机と三つの椅子とに共通する「3」という数は、机のイデアと椅子のイデアを基礎として、さらにその上に位置するからである。このように数は、具体的な感覚的経験からいよいよ離れたイデアとして存在する。それは、物が存在する感覚的世界から離れた仕方で、それ自体で存在し、しかも客観的に存在しなければならない。それは、個人ごとに異なる意識内容として存在するのではなく、どの人にとっても同じものとして存在するものにほかならないからである。

こうしたことを見てとったフッサールは、『算術の哲学』でとられた立場が維持できないことに気づき、姿勢を転じて、客観主義的イデア主義と呼ばれるべき立場に至る。この立場は『論理学研究』（以下では『論研』と略記する）第一巻（一九〇〇年）において示された。この書でフッサールは、数だけでなく、論理法則をはじめとする論理学の対象についても、先に見られたようなイデア的客観性を認める立場をとった。論理法則は、たしかに経験的な過程を通じて知られるが、その過程において経験される具体的な事柄や内容には関係なく成り立つものにほかならないからである。例えば「Aであると同時に非Aであることはない」という論理法則（矛盾律）は、どのような経験の経過を通って知られたかとか、知られたときの心の働きがどのようなものであったかといったことにはまったく関係なく、常に真なるものとして成り立つ。このような法則はそれ自体で存在し、いついかなる場合にも正しいものとして妥当するものである。「真であるものは絶対的であり、『それ自体（an sich）』で真である。真理は、それを判断しながら把握する者が、人間であれ非人間であれ、天使であれ神々であれ、同一のもの」[1]であるとフッサールは言う。また、このような同一性を「イデア的統一体（ideale Einheit）(2)」とも呼んでいる。

『論研』第一巻におけるフッサールの論述は、堅固なプラトン主義を思わせる。フッサールは感覚的経験において与えられる内容から離れ去って、イデアの世界に飛翔しようとしているかのようである。そして、そこに学問的認識の不動の基盤を求めているように見える。

さて、このように見てくると、フッサールの立場は単純にプラトンに近いものとして理解されうるかに思われる。だが、話はそのような単純なことにはならないのであり、そこにこそ問題があると言わねばならない。というのは、その後『論研』第二巻（一九〇一年）においてフッサールは、これと逆の方向に探究の歩を進めるからである。すなわち、そこでフッサールは、一見意外なことに、再び意識の領域に赴こうとする。フッサールは、数や論理法則のような存在者が「それ自体（an sich）」として存在することを認めながらも、やはり意識がそれを捉えることができることに注目し、それが可能になっている次第を解明しようと考えたのである。

この課題は矛盾しているようにも見えるが、だからこそ探究されるべき課題として立ち上がってくるとも言えよう。たしかにイデア的存在者は、人間の意識の事実的な働きや、人間の意識的経験の事実的経過には帰着しえないものである。だがこのことは、人間の意識がイデア的存在者を捉えることができないことを意味するわけではない。むしろ、こういう事情にもかかわらず人間の意識はイデア的存在者を把握し理解することができるのであり、だからこそ、それがいかにして可能であるかが解明されなければならないのである。

あらゆる思考と認識の働きが、対象ないしは事態に向かい、係わるとされ、それゆえ、対象や事態の「それ自体としての存在（An-sich-sein）」が、……思考作用の多様性の中で同一化されうる統一体として告げ知られねばならないという事実。またさらに、あらゆる思考作用には思考形式が内在していて、この形式は、イデア的な法則に支配されているという事実。……これらの事実は、私に言わせれば、次のことが一体いかにして理解されうるのか、という問いをたえず新たに呼び起こすものである。すなわち、客観性に備わる「自体（an sich）」が「表象（Vorstellung）」に至り、とりわけ認識においては「把握（Erfassung）」に至るということ、したがって結局のところ再び主観的になるということである。対象が「それ自体で（an sich）」存在しながら、認識の中で「与えられる（gegeben）」ということは、一体どういうことなのであろうか(3)。

いかなる事物や事象も、われわれの意識によって捉えられ、われわれによって知られるときに、その存在も認められるのであるから、事物や事象について検討しようとすれば、それらをたえず意識との係わりにおいて考えねばならない。このように、いかなる事物や事象についても、それに係わる意識の働きに遡って捉えようとする姿勢は、フッサールが生涯にわたって示し続けたものであり、それゆえ現象学に特徴的なものだと見られてよい。

それゆえ現象学においては、探究や考察がつねに双方向的ないしは両極的なものになる。このことを知っておくことは、現象学を理解する上で最も重要なことだと言ってよい。現象学は一方において具体的な経験を重視し、それによく基づこうとするが、経験にのみ依拠しようとすることはない。それは同時に、事物や事象を捉える人間の意識や理性の働きに立ち帰ろうとする。現象学は、意識ないしは理性というもう一方の側のことも欠かさず考慮に入れようとするのである。

フッサールがこのような思考姿勢をとるようになった理由は、ブレンターノから「志向性（Intentionalität）」の概念を引き継いだところに求められる。フッサールは晩年に至るまで、ほとんどすべての著作の中でブレンターノに対する言及を行っており、「志向性」の考えが生涯にわたってフッサールの考察を規整していたことは明らかである。それは、意識が単に作用・働きとしてのみ存在するのではなく、何らかの対象に係わりながら存在することを意味するものにほかならない。フッサールはこのことを「意識は何ものかについての意識（Bewußtsein von etwas）である」と定式化している。意識が自分とは別に存在する対象に係わることができることを言うものである。これまで見られてきた、数や論理法則のようなイデア的な対象にも、意識はもちろん係わることができる。

フッサールの現象学においては、このような「意識―対象」という志向的連繫のことが絶えず意識されており、生涯にわたって探究の根底に置かれ続けた(4)。そのため、この両極のどちらか一方に一時的に考察の重点が置かれても、その後もう一方に再度考察が赴くことになる。『論研』第一巻では、数学や論理学の扱う対象が独特のイデア的な存在であることが強調され、人間の意識から考察が離れたことを感じさせた。ところがその後、こうした対象を捉える意識の働きが再度注目され、論究の対象とされることになった。

第二節　現象学的還元

『論研』より以後の中期のフッサールにおいても、探究の重点は引き続き意識の側に置かれた。ただ、この時期のフッサールが意識に赴こうとしたことには、ここまで見られたのとは異なる意味あいがあった。すなわち、中期のフッサールが意識を重視した理由は、イデア的な対象も含めたあらゆる事象が現れる場として、心的過程を観察しようとしたということだけではない。この時期のフッサールは新たな課題を意識するようになっていたからである。それは、まさにデカルトと同様の課題にほかならなかった。すなわち中期のフッサールは、確かな哲学を構築するために、絶対に確実な事柄を手にしなければならないという課題を自らに課したのである。この時期のフッサールの考えはデカルトのそれに非常に近いものになっており、デカルトの方法的懐疑によく似た手続きを考案している。それは、よく知られた「現象学的還元」という方法である。それはデカルトの方法的懐疑と同様に、意識という不可疑の領域に立ち帰ろうとするものにほかならない。

このようにして主張される意識への還帰は、志向的連繫のもう一方へ向き変わるという、『論研』で示された姿勢とは異なることを意味している。『論研』では、数学や論理学の扱う対象が、流動的な経験的事象に左右されないイデア的同一性を備えていることが見てとられ、さらに、それがやはり意識によって捉えられることが注目されていた。だが、こうした対象が絶対的な真理として妥当するか否かは、まだ真の意味で検討されていなかった。中期のフッサールは、こうした対象が真理であることを証示するものを求めて意識に赴こうとした。例えば、矛盾律のような論理法則が、それが知られたときの経験的状況に関係なく同一のものとして成り立つこと、またそれに意識が係わることは確かめられてあった。だが、いまやそれだけにとどまらず、矛盾律が絶対的な真理として妥当することが示されなければならないと考えられるようになったのである。中期のフッサールは、単に矛盾律を捉える意識の働きのほうに赴こうとしたのではなく、矛盾律が真理であることを証示するものを求めて、意識に立ち帰ろうとした。一九〇六年に書かれたある覚え書の中でフッサールは、「私は内的な確かさ（innere Festigkeit）に到達しなければならない」(5)と述べ、この課題を果たさなければ「私は（哲学者として）真の意味で生きていくことができない」(6)とまで言っている。

このような動機に基づいて着想された「現象学的還元」という方法は、デカルトの方法的懐疑に非常に似たものとして考案された。それが構想され始めたころにフッサールが行った講義（『現象学の理念』）の内容を参照するとき、現象学的還元とデカルトの方法的懐疑との間の類似は一目瞭然である。いまや「デカルト的な懐疑考察」(7)を企てなければならず、日常経験される事物や事象を素朴に受け容れるような「自然的な精神態度（natürliche Geisteshaltung）」(8)は拒絶しなければならないとフッサールは言っている。そして、このようなデカルト的懐疑が行き着く「絶対的所与性の領域」(9)、「純粋な明証の領域」(10)とは、もちろん「私は考える（ego cogito）」の領域、すなわち意識の領域にほかならない。それはまた「内在（Immanenz）」と呼ばれることもある。

また、現象学的還元に関する本格的な論述が行われた『イデーンI』（一九一三年）においても、このようなデカルト的な動機と姿勢が表明されており、このような還元の道筋は、後に「デカルト的道」と呼ばれることになる。『イデーンI』では、人間が日ごろの生活の中でとっている素朴な態度、身の回りの知覚世界の中に見出される物を単純に存在するものとして受けとる姿勢（「自然的態度の一般定立」）のことが縷説された後、それを停止しなければならないと言われている。そして、それと対蹠的に存在する「純粋意識」ないしは「純粋自我」が取り出されることが述べられている。

さて、ここまで見られたところでは、中期のフッサールの探究はデカルトのそれとまったく重なるもののようにも思える。だが、すでに第二章で見られたように、フッサールはデカルトに対して非常に鋭い批判を突きつけていた。本書でわれわれが注目し検討しなければならないのは、デカルトとフッサールとの間の共通点ではなく、相違のほうである。われわれは本来の課題に立ち帰って、フッサールがどのような点でデカルトと違う考えをもっていたのかを確かめなければならない。

この問題については、後期のフッサールが著した『デカルト的省察』（一九二九年）の内容に即して検討されるのが最も適切である。ただその前に、『イデーンⅠ』の内容に関しても、フッサールの考えがいかなる点でデカルトと異なるのか、幾分か述べておくことにしたい。そもそも、単にデカルトの主張を繰り返すだけであったら、『イデーンⅠ』はなぜあれほど浩瀚で難解であるのか、説明がつかないであろう。

両者の最大の違いは、これまで見られたところからすでに分かることである。それは、フッサールが意識の「志向性」を認めている点にある。前節で見られたようにフッサールは、ブレンターノから引き継いで以降、「志向性」の考えを生涯にわたって持ち続けた。フッサール自身が晩年の著作の中で認めているように、意識がそれだけ単独で存在するのではなく、たえず何らかの対象に係わっているということは、生涯にわたってフッサールの探究の根底に置かれ続けたことであった。デカルトが意識と事物とを根本的に異質の存在者と見なして、両者が関わり合うことを認めなかったのに対して、フッサールは意識を、たえず何らかの対象に接続しているものとして考えた。フッサールはたしかに「純粋意識」ないし「純粋自我」といった言い方もするが、それはやむをえずされた言い方であって、意識がそれだけで独立して存在するとフッサールが考えたことはなかった。譬えて言えばそれは、線分の端が点として存在することを言うのに似ている。それはたしかに点ではあるが、線分から切り離されて存在することはない。これと同様に、志向的連繫の一方の極を、それだけ取り出して「純粋意識」ないし「純粋自我」と呼ぶことはできるが、それは対象との接続から外されるということではないのである。

それゆえフッサールによれば、現象学的還元が行われた後も、事物の総体である世界が失われることはなく、むしろ意識によって保持され続けることになる。

われわれは本来何も失ったわけではなく、絶対的存在の全体を得たのである。この絶対的存在は、正しく理解されれば、あらゆる世界的超越を自らの内に蔵し、自己の内で「構成する（konstituieren）」(11)。

『イデーンⅠ』は、見通しが得にくく、単純な理解が成り立たない書物である。一方ではデカルトとよく重なる思索が示されていながら、その一方で、右のようなことが言われている。デカルトの方法的懐疑とは異なり、「現象学的還元」は事物の世界から離れ去ることを意味しない。むしろ逆であって、それは最終的に、人間が事物の世界をそのまま生き続けることを確認させるものにほかならない。「自然的態度の一般定立」が、現象学的還元によって単純に捨て去られるわけではないのである。

「自然的態度の一般定立」に関する『イデーンⅠ』の論述は、非常に長大であり、また、書き漏らしを嫌うような周到な記述によって満たされている。それは確かにフッサールの強迫症的な性格から来ているものではあろうが、単にそのためだけではない。この長大な記述は、フッサールが「自然的態度の一般定立」を捨て去ろうとはしなかったことを示している。単純に捨て去られると考えていたら、いかにフッサールといえども、「自然的態度の一般定立」の内容をあれほど入念に記すことはなかったであろう。フッサールの考えでは、「自然的態度」において経験される事象は、否定し去られないどころか、人間が逃れ難く生きる現実にほかならなかったのである。現象学的還元によって、自然的態度の中で下される存在の判断はたしかに一旦保留されるが、自然的態度において経験される事象は、最終的にはやはり意識・自我から切り離されないものとして、むしろ現実のものであることが認められる。「自然的態度の一般定立」の内実は、むしろ人間が逃れることのできない現実であるため、フッサールはそれを遺漏なく書き留めようとしたと見ることができる。

『イデーンⅠ』という書物がもつ分かりにくさについて述べることは、フッサールの現象学を理解するために役立つ点が多いと思われるため、もう少し続けてみたい。見られてきたようにフッサールは、世界は存在するものとして意識によって保持されると考えたにもかかわらず、デカルトと同様の意図をもってデカルトに似た思索を行ったため、『イデーンⅠ』の論述は、世界の存在が否定されるかのような印象を与えてしまった。たしかにある箇所では「世界の無化（Weltvernichtung）」という言い方さえされており[12]、誤解を招いても仕方のない述べ方だったと言わざるをえない。

そのため、『イデーンⅠ』以後のフッサールにとっては、現象学的還元が実施されても世界の存在は否定されないことを示すことが、重点的な課題となった。「現象学的還元」は現象学の最も中核的な方法概念である以上、このことはフッサールにとって最重要とも言える課題であって、『イデーンⅠ』以後のフッサールは、世界を失わせないような還元の道筋を幾つも考案してゆくことになった。ただ、現象学的還元の様々な道について論じることは、非常に煩瑣な作業となる上に、特殊専門的なテーマでもあるため、本書では行わない[13]。

むしろここで確認されねばならないことは、ここでもやはり、志向的連繋のもう一方の項にフッサールの探究がより戻っている次第である。すでに指摘されたように、フッサールの思考はたえず志向性を根底に置いているため、志向的連繋の一方の項に考察の重点が置かれても、次にはもう一方の項に考察が戻ってくる。現象学的還元に関する考察をめぐっても同じ事態が生じていることを、われわれはここで確認することができる。現象学的還元は、デカルトと同様に意識ないしは自我に立ち帰ることを意味するものではあるが、意識ないし自我は対象と接続しているとフッサールは考えているため、意識ないし自我のことが一度は強調されても、次には対象の存在が力説されることになる。対象の総体である「世界（Welt）」の存在が強調されることになるのである。晩年の著作である『ヨーロッパ諸学の危機と超越論的現象学』では、フッサールは「生世界（Lebenswelt）」というテーマについて論じている。

　現象学的還元が実施されても世界の存在が否定されるわけではないということは、非常に重要な論点であるため、フッサールが用いた別の用語も参照しながら、このことを確かめておくことにしたい。ここでは、「現象学的還元」の別名である、「エポケー」、「カッコ入れ（Einklammerung）」、「遮断（Ausschaltung）」といった言葉が意味することを若干見ておくことにしたい。

　「エポケー（ἐποχή）」というギリシア語は、何らかの事柄について肯定も否定もしないことを意味する言葉であり、「判断停止」と訳されることもある。「現象学的還元」が「エポケー」とも呼ばれるということは、現象学的還元が、経験される事物や事象について、それを真として受け入れはしないが、かといって偽として拒絶するわけでもないということを意味している。「カッコ入れ（Einklammerung）」という言葉も同様であって、何らかの事物や事象について、それを肯定も否定もしないことを意味している。「カッコに入れる」ということは、真か偽かについては断定を控えて、とりあえず受けとめるということであって、やはり「判断停止」と同様のことを意味する言葉にほかならない。

„Ausschaltung."というドイツ語は、邦訳書では「遮断」と訳されている。もちろんこの訳は誤りではないが、この語が日常語としては「スイッチを切る」ことを意味していることは、知っておく必要がある。それは、電気の装置などのスイッチを切るといった、まったくありふれた行為を意味している。すなわちフッサールは、われわれが日ごろ目の前に見ている事物や事象を事実として受けとっていることを、装置に電気が通って稼働している状態に見立てているわけである。そこでスイッチを切って装置が働かなくなっても、回路まで無くなってしまうわけではない。再びスイッチを入れれば、回路に電気が流れて装置は再び働き出す。これと同様にして、現象学的還元を一旦行っても、その後、知覚に関するわれわれの日頃の信念を回復させることはできるのである。

　さて、こうしたことを踏まえた上で、次節では、『デカルト的省察』で述べられているところに即して、フッサールによるデカルト批判の内容をあらためて検討することにしたい。デカルトの哲学が実はかなり多くのことを前提していると考えられることを、われわれは本書の第二章で指摘した。この問題についてフッサールがどのように考えたかを見て、デカルトの哲学にまつわる問題について、われわれはさらに検討しなければならない。

第三節　具体的経験の学としての現象学

本書の第二章でも見られたように、フッサールは『デカルト的省察』の冒頭で、自らの現象学を「新デカルト主義」と呼びながら(14)、その直後に「デカルト哲学のよく知られている学説全体をほとんど拒否せざるをえない(15)」とも言っていた。デカルトに範をとるフッサールがデカルトをここまではっきり批判している事情は、ぜひ辿られなければならない。デカルトの哲学と対比させることは、フッサールの現象学を理解するための重要な手がかりを与える。

すでに見たように、フッサールは、デカルトが無前提性を追求すると言いながら、実のところは数学と幾何学ならびに、それらに基づく自然科学を前提していたことを批判していた。そして、これらの学問が採用する演繹の手続きを、デカルトがはじめから妥当なものと見なしていたことを批判していた。フッサールによれば、デカルトの哲学においては、「私は考える」ということが、演繹の出発点となる公理の役割を果たしていた。そのためデカルトの哲学では、外界に見られる物体の存在も、「考える私」を根拠にして導き出されることになる。物体の存在は、「考える私」が、誠実な神の保証の下で、物体を明晰判明に見てとるがゆえに確かだとされるわけである。

フッサールの考えがこのような見方に合致しないことは、これまで見たところからすでに明らかであろう。意識に志向性があることを認めるフッサールは、物体の存在が意識の存在から演繹的に導き出されるとは考えない。すでに見てきたように、意識ははじめから事物に係わる仕方で存在するのであり、それゆえ意識ははじめから事物に届いているとフッサールは考えるからである。そのため、「現象学的エポケー」ないしは「現象学的還元」が実施されても、外界の事物等は、それ以前と変わらずに存在し続けるとされる。『デカルト的省察』で言われているところに即して、あらためて確かめておこう。

次の点が見逃されてはならない。あらゆる世界内部の存在に関してエポケー（ἐποχή）をしたとしても、世界内部のものに係わる多様な思うこと（cogitationes）が、それ自身のうちにこの係わりを含んでいること、例えば、この机の知覚は、エポケー（ἐποχή）の後も、その前と同様に、まさにその机の知覚であるということ、このことに何ら変わりはない、という点である。こうして、およそいかなる意識体験も、それ自身で何ものかについての意識である(16)。

ここに見られるように、エポケーが行われた後でも、机のような事物の知覚はそれ以前と同じままであり続けると、フッサール自身が明言している。はっきり確かめられるべきことであろう。

「エポケー」という概念は誤解を生じさせやすいものである。「エポケー」という操作が施されると、眼前に見られている事物は幻として扱われるようになると、いつの間にか考えてしまわないだろうか。だがそれは誤解である。エポケーは、眼前の事物が存在するという信念を一時的に保留するだけのことであって、それが存在しない虚像になると言っているのではない。肝心なのは、エポケーという操作を通じて、眼前の事物の存在にも意識が係わっていることを発見することだとフッサールは言っているのである。

このことは、デカルトが方法的懐疑を「ほんのわずかの疑いでもかけうるものはすべて、絶対に偽なるものとして投げすてる（rejeter）(17)」こと、「真ならぬものであると仮想する（feindre）(18)」ことと呼んでいるのと対比するとき、見やすくなるであろう。これに比べるとフッサールの表現は、「超越的世界が非存在であると考えることも可能である（denkbar）(19)」とか、絶対的明証性を求める過程において「世界の非存在の仮説的想定（hypothetische Ansatz）(20)」がとられるといったように、微妙で曖昧なものである。

意識はそれだけで切り離されて存在することはなく、はじめから事物ほかの対象に向かっており、それに届いているとフッサールは考えた。デカルトは「私は考える、私は存在する（Ego cogito, ego sum）」のように言ったが、フッサールによればこれは正しくない[21]。言われなければならなかったのは、「考える働き―考えられること（cogito-cogitatum 考えられるものを考える）」という、つながりを示す言葉である[22]。

このように主観と客観を架橋して、主観が客観を取り込むことを思わせる志向性とは、何やら矛盾を感じさせる概念ではある。この矛盾しているようにも見える事態のあり様を表すのが「超越論的（transzendental）」という言葉である。『デカルト的省察』で述べられているところを参照して、この言葉が意味していることを確認しておこう。

世界の固有の意味に……超越（Transzendenz）が属しているとすれば、……超越を自らの内に担う（in sich tragen）……私自身は、現象学的な意味で超越論的（transzendental）である[23]。

事物は、意識を越え出てそれ自身において存在する（意識を越え出る超越（Transzendenz）として存在する）にもかかわらず、意識はそれに届いて、それを独自の仕方で自らの内に含み入れることができるとフッサールは考える。「超越論的（transzendental）」という言葉は、意識に備わるこのような特性、一見矛盾しているようにも見える特性を表すものにほかならない。参考までに言うと、著名な現象学研究者であるK・ヘルトは、「超越論的」という概念を解説するのに「偶然性を越え出ること（Okkasionalitätsüberschreitung）」という言葉を用いている[24]。われわれが外的対象を捉えるのは、そのつどたまたま見えている側面を通してのことにすぎず、この点で、われわれの知覚はその時々の偶然のものにすぎない。だが、それにもかかわらず、われわれの知覚はこうした偶然性を乗り越えて、事物をそれ自身において存在するものとして捉える。このようにして、意識は事物そのものに届くことができる。「超越論的」という言葉は、このような志向性のあり様を表しているのである。

このように矛盾を乗り越えて成り立つように見える働きは、常識的に言われるような意識や心が持つものとしては考えられない。通常言われる意識や心は、事物と異なりながらも事物と並んで世界内に存在するものとして考えられているであろう。このような意識や心は、事物とは異なるものとして考えられていて、事物と連繫するものとは見なされていないであろう。ましてそれが事物を自分の内に含み込むといったことを言っても、意味不明なことにしか思われないであろう。自らと根本的に異なる存在を自らの内に取り込むという超越論的な能力を備えた意識・主観性は、通常言われる心や意識とは異なるものを意味しており、それゆえ、事物と並んで世界内に存在するのとは異なる在り方をする。それは世界内には存在しない。「エポケーによって必然的に残り続ける自我……は世界の部分ではない(nicht ein Stück der Welt)」(25)のである。

このような意識ないし自我は、「超越論的主観性(transzendentale Subjektivität)」ないしは「超越論的自我(transzendentales Ich)」のように呼ばれる。それは、われわれが日ごろ生きる素朴な自然的態度の中にあっては見出されないものであり、自然的態度を越え出た次元にあるものにほかならない。人間の意識が超越論的主観性として存在していることは、自然的態度の次元を超出することによってはじめて見開かれるとフッサールは言う。この超出の操作が「現象学的還元」であることは、すでに見た通りである。

フッサールによれば、デカルトも本来、このような超越論的主観性を見出すことができたはずだという。すなわちデカルトも、内容をもたない純粋な意識の働きを取り出すのではなく、経験内容を切り離し難く含んだものとしての意識ないしは自我を見出すことができたはずだとフッサールは言う。それゆえ、このことを行う現象学的エポケーないし現象学的還元が示し出すのは、デカルトの方法的懐疑とは違って、実質的な経験の内容からなる領域にほかならないとフッサールは言う。この領域は「超越論的経験の領野(transzendentales Erfahrungsfeld)」(26)と呼ばれる。

現象学的エポケーは、……新しい種類の無限の存在領域を、超越論的経験という新しい種類の経験の領域として開示する。(27)

デカルトの辿った歩みからの本質的な逸脱は、はっきり描かれており、それは今後、われわれの省察の歩み全体にとって決定的なものとなろう。デカルトと違ってわれわれは、超越論的経験の無限の領野（das unendliche Feld transzendentaler Erfahrung）を開示するという課題に沈潜してゆく。(28)

フッサールの用語法では「超越論的」という形容詞が経験の内容にも当てはめられることは、注意しなければならない点であろう。

「考える働き―考えられること（cogito-cogitatum）」のように記されるとき明らかになるように、志向性は、二つの事項の共在によって成り立つものであり、それゆえ両極的ないしは双方向的な性格のものである。そのため超越論的経験の領野は、二つの方向において記述されるとフッサールは言う。一つの方向は「ノエマ的」方向である。この方向においては、志向されている対象が、その規定と様態において記述されるという。もう一方は「ノエシス的」方向である。この方向においては、対象に関わる意識のあり様が記述される。(29)なお、このような双方向性を表すのに、フッサールは「相関関係（共働関係 Korrelation）」という言葉を用いている。

『デカルト的省察』第四一節では、意識（超越論的主観性）は外的事物（超越 Transzendenz）をそのまま含み込んでいるため、意識が明るみに出されれば、それと同時に事物対象も明るみに出されること、したがって、意識（超越論的主観性）の外部を考えることは無意味であることが言われている。

いかなる形式のものであれ、超越（Transzendenz）とは、自我の内部で構成される内在的な存在性格のことである。考えられる意味、考えられる存在は、内在的であるか超越的であるかに関わりなく、いかなるものも、意味と存在を構成するものである超越論的主観性の領域に属する。真なる存在の総体を、可能的な意識、可能的な認識、可能的な明証の総体の外部にあるものとして捉えようとすること、両者〔存在と意識〕を堅固な法則によって単に外的に関係しあうものとして捉えようとすることは、無意味（unsinnig）である。……超越論的主観性があ

りうべき意味における全体であるならば、その外部（Außerhalb）はまさに無意味（Unsinn）である。(30)

このようにすべてを意識に帰着させようとする立場は、普通「観念論」と呼ばれる。実際にフッサールも、自らの超越論的現象学を「超越論的観念論（transzendentaler Idealismus）」と呼んでいる。(31)この観念論は、ここまで見てきたように、外的事物はそれ自身として存在するとしながら、同時にそれが固有の仕方で意識に属すると見なすものである。したがってそれは、意識の領域のみを認めてその外部を認めない、非常に強力な性格の観念論にほかならない。このような立場においては、経験論等で言われる「センス・データ」も、カントの言う「物自体（Ding an sich）」も意味をもたないとされる。

〔超越論的観念論としての現象学は〕意味をもたないセンス・データ（感覚与件 sinnliche Daten）から意味に満ちた世界を導き出そうとする観念論……ではない。またそれはカント的な観念論でもない。カント的な観念論は、少なくとも限界概念として物自体（Dingen an sich）の世界の可能性を残しておくことができると信じるものであった。(32)

「センス・データ」も「物自体」も、意識の領域と外的事物の領域とをはっきり区別し、意識が外的事物に届かないこともありえると考えるがゆえに設定されるものにほかならない。たしかに人間は、枯れ木を見て幽霊だと思ってしまう場合のように、見まちがいをすることがある。このようなケースを説明するために「センス・データ」という考え方がとられる。幽霊が見えたのはたしかに誤りであるが、幽霊を見えさせた色や光などの視覚情報があったのは確かだという説明がなされる。人間の意識は、物そのものには届かないが、感覚的なデータはそのまま受け取っていると考えるわけである。

カントの言う「物自体」は、このような「見え姿」をさらに広く当てはめることから生じる概念だと言うことができる。カントの考えでは、枯れ木も言わば「見え姿」だということになる。正常な知覚が成り立っている場合には、人間は枯れ木そのものを、それが存在する通りに見ていると思っているであろう。だがこの場合、あるがままに存在しているように見える枯れ木は、人間が捉えることのできる限りにおいて見えているものにすぎないとカントは言う。客観的に存在しているように思われる枯れ木も、実は、人間の主観に備わった形式（空間、時間、カテゴリー）に適合する仕方で捉えられたものにすぎないというのである。カントによれば、主観を離れたありのままの客観に、主観が至ることはできない。よく知られているように、このありのままの客観をカントは「物自体（Ding an sich）」と呼んだ。

フッサールの観念論は、このようにして想定される主観の外部を認めない。事物はそれ自身で存在し、さらに意識はそれを、それのあるがままに捉えるとフッサールは考える。外部の対象を、それがあるがままにおいて意識の中に取り込もうとする見方は、理解するのが難しいようにも感じられるものであるが、この点を理解することが現象学の固有の考え方を捉えることにもなる。

第四節　無前提性と事実性

さてここで、このような現象学の固有の考え方を認めることは、無前提性の追求をあきらめることにならないのか、という問題について考えてみたい。見られてきたように、現象学の考え方をとることは、眼前にありありと見える物が現実に存在することを、疑わずに認めることでもある。このように考えることは、外的な事物や事象の存立をはじめから認めることであり、「本当の意味で知る」ことを目指す哲学の探究としては不十分なのではないかという疑問が生じうる。先に見たようにフッサールは、デカルトによる無前提性の追求においても実は前提されているものがあったことを批判していた。だが、このように言うフッサールの現象学においても、すでに前提されていることがあったことは明らかである。このことをわれわれはどう受けとめるべきであろうか。

無前提性の追求は、たしかに哲学的思索だけが行うことのできるものにほかならない。無前提性の追求ということを考慮に入れないような思索は、哲学ではないとすら言うことができるであろう。そのような思索は、「本当の意味で知ろうとする」姿勢をまったく持たないものだからである。

だが、デカルトですら真の意味の無前提性には到達しなかったことをすでに知っているわれわれは、無前提性を無邪気にどこまでも追求しようとする姿勢をとることはできない。むしろ重要なことは、無前提性を求める哲学的探究も、現実には前提を免れることができないことを正しく受けとめることではないか。たしかに哲学的探究が、無前提性を追求する試みを顧慮しないことがあってはならない。だがわれわれが見てとらなければならないことは、むしろ、無前提性を追求するという営みも、現実には何かを前提せずには成り立たないということではないか。無前提性を追求する過程で、逃れられない前提がかえって明るみに出されるならば、そうした前提はまさに強固な拘束力をもつものにほかならないであろう。重要なことは、このようにして明るみに出される前提を、然るべき仕方で引き受けることのほうではないか。

たしかにフッサールは、眼前にありありと見られる物が現実に存在することを否定しなかった。こうした物が存在することを、前提として受け容れた。だが、われわれは、こうした前提の受け容れを不当なものと考えることはできない。眼前にありありと見えるものの存在を本気で疑うことができる人は、実際にはいないと思われるからである。そのような人が本当にいれば、自分に高速で向かってくる自動車をよけずにいることができるであろう。だが、そのような人が現実にいるとはとても思えない。デカルトは自らに迫ってくる馬車を避けずにいることができたのであろうか。『方法序説』第四部で言われているような徹底的懐疑を実践しているときのデカルトであれば、そのようなことができたであろうか。できたとは思えない。衝突を避けなければ、まちがいなく大けがを負うか死んでしまうことを、すべての人が知っている。目の前にありありと見えるものが現実に存在すると考えることは、たしかに何かを前提する行為ではあるが、それは人間が生きてゆく上で不可欠な根本的信念にほかならないのである。

デカルトが数学と幾何学ならびに、それらに基づいた自然科学の正しさを前提していたのに替えて、フッサールは別の前提を持ち込んだと見ることもできる。数学や幾何学の正しさと、眼前に見える事物の存在とを比較したとき、やむをえず前提される事柄としてはどちらがふさわしいであろうか。

眼前に見える事物の存在のほうであるとわれわれは考える。数学や幾何学の推論はたしかに明晰なものを感じさせるが、そうした推論が可能になるためには、事物や事象を記号化する等々の多くの操作が必要となり、日常の生活実践から大きく離れることが要求される。個々のリンゴを数えたり、お金を受け渡したりする行為から離れて、数そのものを操作する作業への移行が果たされなければならない。また、実際に知覚される丸太の断面を漠然と見るのではなく、「一点から等しい距離を保ちながら動く点の軌跡」のような、純粋に幾何学的な意味の円形のことが考えられねばならない。数学や幾何学は、このように日常の生活においては必要とされない操作を数多く前提することによって成り立つものである。そのため、数学や幾何学の正しさを前提することは、実は膨大な数の事象を前提してしまうことを意味する。

また数学や幾何学が扱う真理の多くは、われわれの日常の生活実践から非常に離れたものであるため、それを知らなくとも、われわれの日々の暮らしが影響を被ることは少ない。これに対して、眼前に見える事物が存在するという前提は、われわれが日常生活を営む上で避けることのできないものである。この前提は生活を営む中でつねに要請される上に、われわれの生死にまで関わっている。晩年のフッサールは、眼前に見える事物の総体を「生世界(Lebenswelt)」と呼んだ。この語の前半部である「生(Leben)」に、「人間の生存に関わる」とか「生きてゆく上で不可欠の」といった意味合いを読み込もうとしても不当ではないと思われる。晩年の『危機』論稿の中でフッサールは、「生世界の先所与性」を繰り返し主張している。フッサールの後期の思索からは、人間が生を営んでゆくために必要な前提を受け容れようとする姿勢、その前提を超越論的現象学の中に取り込もうとする姿勢が読みとられる。

フッサールの現象学から刺激や養分を受けとった哲学は非常に多い。シェーラー、ハイデガー、サルトル、メルロ＝ポンティ、レヴィナス、デリダといった人物たちの名前がたちどころに挙げられる。言うまでもなく、大変に名の通った哲学者ばかりである。フッサールの現象学は、非常に大きな存在感をもった哲学にほかならない。それは大きな節目を形成して、以後の哲学の方向を定めるほどのものであった。

私がこのように言うのは、私が長い間フッサールを研究してきたため、フッサールを贔屓にしたいからではない。むしろ逆であって、フッサールの現象学がこれほど多くの名のある哲学者たちに影響や養分を与えることができたことは、私には非常に不思議に感じられる。フッサールが書いたテクストは無味乾燥で退屈であり、読むのに非常に苦労するどころか、時に苦痛すら感じさせる。また主張も明確ではなく、結論的なものがはっきりしないため、何か重要なことが分かったように感じられることも少ない。このような哲学が、その後の哲学の動向を大きく定めるような影響をなぜ残すことができたのか、あらためて考えてみるとかなり不思議である。

私としては、この疑問に対する解答は、本書でこれまで見てきたことにあると考えている。すなわち哲学という営みがいかに真の知識、根本的な知識を求めようとも、避けきることのできない前提が残り続けることを認め、それを引き受ける姿勢をフッサール現象学が示している点にあると考えている。デカルトの懐疑は、たしかに哲学の精神を見事に体現したものではある。だが、ではわれわれはその上で実際にどのように生きていくことができるのか、具体的に何をどのように考えてゆくべきかといったことを、何も前提しないという姿勢から導き出すのは難しい。デカルトの哲学は、思惟の働きを確実なものとして取り出すという成果を示したが、同時にわれわれを出口のない閉所に閉じ込めてしまったと見ることもできる。そこにどうにかして道をつけようとすれば、先にも見たように、「演繹」という数学的・幾何学的な操作を密かに持ち込むことになってしまう。これとは異なる道がフッサールの思索から見出されるかもしれないと思うとき、多くの哲学者たちがフッサールの現象学を参照しようと考えるのではないか。実質的事象から離れた思弁を避け、眼前に物をありありと捉える知覚の現場に立ち会おうとする姿勢を共有して、多くの哲学者がフッサールの現象学から何かを学びとろうとするのではないかと思われる。

いかに無前提性を追求しても避けきることのできない前提は、むしろ無前提性の追求によってこそ逆に明るみに出されるものであるとも言える。われわれが受け容れざるをえない事象がこのような逆説的なあり方において見出されることを名指すのに、われわれは「事実性」という言葉を用いることにしたい。「事実性（Tatsächlichkeit, Faktizität）」ないしは「原事実（Urfaktum, Urtatsache）」、「絶対的事実（absolutes Faktum）」といった言葉は、フッサール自身も使用していたものである。こうした言葉は、例えば「現在」という時間のあり様について述べるときに用いられる。(33) 現在はたえず次の瞬間に移行しているため、純粋な現在として存在することはできない。それは前方において、たえず到来してくる未来を受けとめ、後方においては、流れ去っていく過去をたえずひきずっている。現在が純粋に備えているかに見える現前性は、実は、本来それが排除するはずのものを切り離し難く伴うことによって実現している。このことは、むしろ「現在」を純粋に取り出そうとする試みによって発見される。フッサールの言う「事実性」とは、このような矛盾しているかに見える逆説的事象が現実に成り立っていることを表す言葉である。

フッサールの用語法からはやや外れるが、われわれは「事実性」という言葉を、「眼前にありありと見られている事物が現実に存在している」ことを指すものとしても用いることができると考える。このことをフッサールが、前提することを避けることができないものとして考えていた次第は、われわれがすでに見てきた通りである。

事物の知覚にも、先ほど「現在」に関して見られたのと同様の逆説的事象が見てとられる。あらためて考えてみると、知覚される事物について、実際に目に見えているのは、そのつど視覚に与えられている一定の範囲の側面にすぎない。知覚は一見この顕在的な部分のみによって成り立っているかのようにも見えるが、実はそうではない。知覚は、表立っては見えていない部分に向かう潜在的意識を伴っており、それなしには成り立たないからである。現象学の用語では、こうした部分は「地平（Horizont）」と呼ばれる。例えば卵を見るような場合、われわれはそれを、内部をもったもの（中が白身と黄身によって満たされているもの）として見る。また、いまは卵の裏側が見えていなくても、われわれはそれが間違いなく存在すると確信していて、その気になればいつでも見ることができると考えている。そして、その色は白いと予料している。また、卵が乗っているテーブルや、それが置かれている部屋や家といった背景のことも、われわれは常に何らか意識している。目の前で卵を見るという単純な知覚も、このように顕在的には見えていないものに関する意識が同時に伴っていなければ成り立たない。こうした意識が伴わなければ、知覚は十分に分節化されたものにならず、われわれは卵を卵として見ることはできないであろう。なおフッサールの用語では、内部や見えていない側面は「内部地平（Innenhorizont）」と呼ばれ、周辺や背景は「外部地平（Außenhorizont）」と呼ばれる。「地平」という、差し当たっては見えていない部分も同時に伴っていなければ、物が見えることはない。このことを知ることは、知覚経験に関する重要な洞察にほかならない。経験がこのような地平的な構造をもつことを明らかにしたことは、フッサールの事象分析がもたらした大きな成果であったと言うことができる。

だが、「地平」に関するこのような洞察は、事物が固有の仕方で意識の領域に取り込まれるとする超越論的観念論の見方を困難にするものでもある。次にそのことを論じなければならない。

顕在的にありありと見えている部分については、それは意識に対して直接立ち現れているゆえに、意識にそのまま届いていると言うことも可能であるが、見えていない部分についてはそうは言えない。しかし、先ほど卵を見る場合に関して言われたように、見えていない部分（地平）も同時に意識されていないと知覚は成り立たない。知覚物には、意識から逃れる部分があるが、このような部分も同時に存在することによってのみ、事物の知覚は成立しうる。単純な事物の知覚の中にすでに、意識に届かないものが含まれているのである。

もっとも、現在は直接見えていない地平の中には、以前見えたことのあるものもあるし、いずれ見えることになるものも、その気になれば見ることのできるものもある。このように、見える可能性をもっているものは、意識の中に取り込まれると見なされてよいであろうか。

だが、「地平」については、それが眼前で顕わになる可能性が永久にない場合もあることに注意しなければならない。このことは、特に「外部地平」について考えるときに明らかになる。外部地平はその本性上、限界をもちえない。事物を取り囲む地平を一定範囲において考えてみても、さらにそれを取り囲む地平が必ず考えられることになる。このようにして外部地平は限りなくどこまでも続いてゆくものであり、この無限の広がりが「世界（Welt）」である。フッサールが「超越論的経験の領野」と呼んでいたものは、空間的には「世界」のことにほかならない。先にも見られたように、「超越論的経験の領野」は無限（unendlich）であるとフッサールは言っている。(34)

無限に広がる地平は、経験をどこまで続けても、そのすべてが眼前で捉えられるということはありえない。したがって地平を、意識が到達できるものと見なすことはできない。ということは、事物の知覚も、意識が到達できないものによって成り立っていることになる。ところが、見られてきたようにフッサールは、こうしたものも意識の中に取り込むような観念論を構想した。事物はそれ自身において存在し、そのあるがままの事物を意識が捉え、固有の仕方で意識の中に取り込むことができるとフッサールは考えた。だが経験の地平的構造に鑑みるとき、このようなフッサールの構想は実現が困難であることが明らかになる。

「目の前にありありと見える事物が現実に存在する」、「事物の総体である世界が現実に存在する」という、前提することを避けることのできない事象を、われわれは《事実性》と呼ぶことにした。この《事実性》を認めなければ、われわれの生活は成り立たず、われわれは生きていくことができない。この《事実性》をデカルトの哲学は取り逃がしており、フッサールの現象学はそれを新たな仕方で取り戻そうとしたと言うことができる。

だがフッサールもまた、この《事実性》に真に正しく向き合うことはできなかったとわれわれは考える。フッサールは《事実性》のあり様を十分に捉えきっておらず、それを意識の領域の中に取り込むことができると考えたからである。それを意識という明証性の領域の中に取り込むことができなければ、自らが構想したような学問の基礎づけは実現しないとフッサールは考えたのであろう。だが本章で見てきたように、「地平」のあり様を考えれば、このことが不可能であることは明らかである。

日常生活においてまったく自明視されて問題化することのない最も根本的な事象を認めるのに、哲学がどこまでも手を焼くことにわれわれは気づかされる。本当の意味で知ろうとする知の営みは、普通に生活する中ではまったく気にかける必要のない問題に、どこまでも悩まされるのである。

私の見るところでは、この《事実性》に正しく向き合うという課題は、メルロ＝ポンティによってようやく果たされている。メルロ＝ポンティの哲学は、フッサールの現象学を強く意識し、それを引き継ごうとする営みによって形成された。そしてそれは、われわれが本章で見た課題を果たすために形成されたと言っても過言ではない。すなわちメルロ＝ポンティは、事物の知覚に関する《事実性》を受け容れることのできるような哲学を構築しようとしたと見ることができる。言い換えれば、「眼前にありありと見える事物が現実に存在している」、「事物の総体である世界が現実に存在する」ことをそのまま認めるような哲学を、メルロ＝ポンティは構想したのである。それがいかなる内容のものであったかは、次章で見ることにするが、メルロ＝ポンティが考えたことについて、ここで一点だけ触れておくことにしたい。

それは、メルロ＝ポンティが人間の主体を《身体》として捉えたということである。人間の主体がはじめから身体として存在することを認めれば、意識が外的事物そのものに届く次第がより適切に説明されうる。身体は、事物と同様に実質を持って世界の中に存在し、事物と並んで存在するがゆえに、事物に直接触れることができるからである。さらにこれにとどまらず、事物を意図的に動かすことすらできる。意識が事実上は身体であることを認めるという発想をとるとき、意識がもつはずの超越論的機能がより明らかなものとして示されるのである。

このような考え方をとる哲学が、具体的にいかなる内実のものであるかを、次章で見ることにしたい。

注

（1）Husserl, E., *Logische Untersuchungen, erster Band, Prolegomena zur reinen Logik*（Max Niemeyer Verlag, 1900）, S. 117. 立松弘孝訳『論理学研究1』（みすず書房、一九六八年）、一三八頁。

（2）*Ibid.* 同右。

（3）Husserl, *Logische Untersuchungen, zweiter Band, Untersuchungen zur Phänomenologie und Theorie der Erkenntnis, erster Teil* (Max Niemeyer Verlag, 1901), S. 8. 立松弘孝ほか訳『論理学研究2』（みすず書房、一九七〇年）、一五頁以下。

（4）Husserl, *Die Krisis der europäischen Wissenschaften und die transzendentale Phänomenologie, Husserliana Bd. VI* (Martinus Nijhoff, 1976), S. 169. 細谷恒夫・木田元訳『ヨーロッパ諸学の危機と超越論的現象学』（中公文庫、一九九五年）、三〇三頁。

（5）Husserl, *Die Idee der Phänomenologie, Husserliana Bd. II* (Martinus Nihoff, 1973), S. VIII. 立松弘孝訳『現象学の理念』（みすず書房、一九六五年）、二頁。

（6）*Ibid.* 同右。

（7）*Ibid.*, S. 30. 邦訳、四六頁。

（8）*Ibid.*, S. 17. 邦訳、三一頁。

（9）*Ibid.*, S. 31. 邦訳、四八頁。

（10）*Ibid.*, S. 61. 邦訳、八九頁。

（11）Husserl, *Ideen zu einer reinen Phänomenologie und phänomenologischen Philosophie, erstes Buch, Husserliana Bd. III/1* (Martinus Nihoff, 1976), S. 107. 渡辺二郎訳『イデーンI-I』（みすず書房、一九七九年）、二一五頁。

（12）*Ibid.*, S. 103. 邦訳、二〇九頁。

（13）現象学的還元の様々な道に関する私の考えは、次の書物で述べられている。拙著『哲学と言語——フッサール現象学と現代の言語哲学——』（二〇〇六年、ナカニシヤ出版）、第二章。

（14）Husserl, *Cartesianische Meditationen: Eine Einleitung in die Phänomenologie, Husserliana Bd. I*, S. 43. 浜渦辰二訳『デカルト的省察』（岩波文庫、二〇〇一年）、一七頁。以下、同書からの引用に際しては*CM*と略記する。

（15）*CM*, S. 43. 邦訳、一七頁。

（16）*CM*, S. 71. 邦訳、六八頁。傍点引用者。

（17）Descartes, *Discours de la méthode*, p. 31. 邦訳、一八七頁。

（18）*Ibid.*, p. 32. 邦訳、一八八頁。

（19） Husserl, *Ideen.....ersten Buch*, S. 105. 邦訳、二一二頁。
（20） Husserl, *Erste Philosophie, zweiter Teil, Theorie der phänomenologischen Reduktion, Husserliana Bd. VIII* (Marutinus Nijhoff, 1959), S. 55.
（21） *CM*, S. 69. 邦訳、六五頁。
（22） *CM*, S. 74. 邦訳、七四頁。
（23） *CM*, S. 65. 邦訳、五八頁。
（24） Held, K., „Das Problem der Intersubjektivität und die Idee einer phänomenologischen Transzendentalphilosophie“, in: Claesges, U. und Held. K. (hrsg.), *Perspektiven transzendentalphänomenologischer Forschung, Phaenomenologica 49* (Martinus Nijhoff, 1972), S. 25.
（25） *CM*, S. 64. 邦訳、五六頁。
（26） *CM*, S. 66. 邦訳、五九頁。
（27） *CM*, S. 66. 邦訳、六〇頁。
（28） *CM*, S. 69. 邦訳、六五頁。
（29） *CM*, S. 74f. 邦訳、七四頁。
（30） *CM*, S. 117. 邦訳、一五二頁以下。
（31） *CM*, S. 118. 邦訳、一五五頁。
（32） *CM*, S. 118. 邦訳、一五六頁。
（33） Held, K., *Lebendige Gegenwart: Die Frage nach der Seinsweise des transzendentalen Ich bei Edmund Husserl, entwickelt am Leitfaden der Zeitproblematik, Phaenomenologica 23* (Martinus Nijhoff, 1966), S. 146ff.
（34） 注28の箇所。

第四章　メルロ＝ポンティ

第一節　「事実性の哲学」「両義性の哲学」としての現象学

モーリス・メルロ＝ポンティ（Maurice Merleau-Ponty　一九〇八年―一九六一年）は、フランスの大西洋岸にあるロシュフォール・シュル・メールという港町に生まれた。高等師範学校（エコール・ノルマル・シュペリユール）の受験に向けた準備期間にベルクソンを熱心に読んでいたことが分かっている。一九二六年に入学した同校では、サルトル、ボーヴォワール、レヴィ＝ストロース等と知り合っている。もちろん戦後のフランスの知的世界をリードした著名人たちで、これらの人物たちが属した世代は「輝ける世代」と呼ばれることがある。なおメルロ＝ポンティは、同校で学んだ新カント学派の観念論哲学には反発を覚えることのほうが多かったようである。またこの間、一九二九年にフッサールがソルボンヌのデカルト講堂で行った講義「超越論的現象学入門」に出席しており、フッサールの現象学と最初の接点をもっている。なお、この講義はその後敷衍されて、われわれも検討した『デカルト的省察』として公刊されることになる。

一九三〇年に哲学教授資格を取得して以後、メルロ＝ポンティは、ゲシュタルト心理学、行動主義心理学、精神分析学、生理学等の研究に携わり、主要テーマとして知覚を探究している。また、このころフッサールの著作を本格的に読み始めたようである。メルロ＝ポンティがフッサールの現象学に対してもった関心は非常に大きく、ルーヴァンに設置されたフッサール文庫を頻繁に訪れて、未刊の草稿等を閲読している。人間の意識が世界や自然に関わるときの実相を、伝統的な心理学や哲学が正しく捉えていないと考えたメルロ＝ポンティは、この実相を本来の姿で記述するという課題を自分に課したと見られる。そして、この課題を果たすための手がかりをフッサールの現象学の中に求めたと考えられる。この間の探究の成果は、『行動の構造』（一九四二年）と『知覚の現象学』（一九四五年）という著作において結実している。

本章でわれわれは、メルロ＝ポンティがフッサールを引き継いで現象学的探究を行い、その発展型を示した次第を辿ろうとする。はじめに、『知覚の現象学』のよく引用される冒頭箇所を、ここでも見ることにしたい。

> 現象学とは何か。フッサールの最初期の諸著作から半世紀も経ってなおこんな問いを発せねばならないとは、いかにも奇妙なことに思えるかもしれない。それにもかかわらず、この問いはまだまだ解決からはほど遠いのだ。……現象学は、……人間と世界とはその事実性（facticité）から出発するのでなければ了解できないものだと考える哲学である。それは〔一方では〕、人間と世界とを了解するために自然的態度の諸定立を中止しておくような超越論的哲学であるが、しかしまた〔他方では〕、世界は反省以前に、廃棄できない現前としていつも〈すでにそこに（déjà là）〉あるとする哲学でもあり、その努力の一切は、世界とのあの素朴な接触をとり戻すことによって、最後にそれに哲学上の地位を与えようとするものである。[1]

『知覚の現象学』の序文は、まさに正鵠を射て現象学の性格を明らかにしているものであり、非常によく出来た解説として知られている。それは、現象学について検討しようとするとき、何度でも立ち帰る価値のあるものである。最初に言われているように、「現象学」という哲学はやはり分かりにくい。そのため、われわれの場合には、デカルトの哲学と比較するという過程がとられた。

そして、フッサール現象学の内容を検討したわれわれは、この解説を読むとき、目を見張るのを禁じることができないはずである。前章でフッサールに関して見てとられたことが、メルロ＝ポンティの言葉によって繰り返されているのをわれわれは発見するからである。見られるように、メルロ＝ポンティもまた「事実性（facticité）」という言葉を用いている。メルロ＝ポンティもまたフッサールと同様に、眼前にありありと見える事物とその総体である世界が現実に存在することを、「事実」として受け容れようとしていることが分かる。

そして、これと連動して思い起こされねばならないのは、「志向性」に関して見られた双方向性である。デカルトと違ってフッサールは、意識と事物とを、根本的に別の領域に属するものとは見なさず、独特の仕方で結びついているものとして考えた。そのため、意識に遡ることを主張しても、事物の存在を否定することはなかった。むしろ、意識への還帰を呼びかけながらも、それが同時に、世界の存在の確認になることを主張していた。

先の引用箇所に見られるように、メルロ＝ポンティもまた現象学を、このような双方向的な姿勢をとるものとして特徴づけている。意識へと立ち帰ろうとする点で、現象学はたしかに超越論的哲学であるが、それは同時に、世界を、廃棄されえない現実としていつも〈すでにそこに〉あるとする哲学でもある。なお、このような双方性を認める姿勢は、メルロ＝ポンティに関しては「両義性（ambiguïté）」と呼ばれるのが習慣になっている。

このことに関連して、メルロ＝ポンティもまたフッサールと同様に、それ自身として存在している事物そのものを意識が捉えることができると考えていることを、ここで確認しておきたい。第三章で見られたようにフッサールは、意識にセンス・データのみが与えられるということはなく、事物そのものに意識が届くと考えていた。また、事物の背後に、人間の意識では捉えられない物自体が存在するというカントの考えも否定していた。フッサールによれば、意識が捉える対象とは、まさにそれ自身で存在する事物そのものにほかならないのである。

メルロ＝ポンティもまさにこれと同じ考えをもっていたことを、まずここで確認しておくことにしたい。眼の前で灰皿を知覚する場合をとりあげて、メルロ＝ポンティは次のように述べている。

物理的像になぞらえられるような心像、……私と物との間のスクリーンとなるような心像などは存在しない。私の知覚は意識内容に向けられているわけではない。それは灰皿そのものに向けられているのだ。(2)

第三章でも見たように、哲学は知覚を論じるのに、人間の意識は知覚物そのものには届かないとする見方、人間の意識にはセンス・データや心像のみが直接与えられるとする見方をとることがある。見誤り等のケースを説明するためである。この場合には、右でメルロ＝ポンティも言っているように、知覚者と知覚物の間にスクリーンのようなものが存在して、そこに知覚物の姿が投射されているかのように考えられることになる。

だが、このように考えると、今度はこのスクリーンがどこに存在するのかといった問題が生じてしまう。それは網膜であろうか。それとも心の中に存在する白紙のようなものであろうか。またさらに、そこに投射された像と知覚物そのものとの間で対応関係が成り立つ次第はどのように説明されるのかという問題も生じてしまう。このように「センス・データ」ないしは「心像」といったものを導入すると、さらに解明されなければならない問題がいくつも湧出してしまうことになる。

だが人間が日ごろ現実の知覚を行うとき、このようなややこしいことが問題になることはない。われわれは日常生活において、眼前にありありと見える灰皿はそのまま見える通りに存在すると考え、さらに何か迷うようなことはない。

メルロ＝ポンティの思索は一貫して、このような自然のありふれた知覚に基づこうとする。すでに述べてきたように、日常の知覚については、意識と事物とが直接接続しているということが注視されなければならない。それゆえメルロ＝ポンティは、「現象学的還元」を、この接続をあらためて見出すための方法と見なしている。『知覚の現象学』の序文に見られる、しばしば注目される箇所を、ここでも見ておくことにしたい。

われわれは徹頭徹尾世界と関係しているからこそ、われわれがこのことに気づく唯一の方法は、このように世界と関係する運動を中止することである。それは言い換えれば、この運動に加担するわれわれの共犯関係を拒否すること（フッサールがしばしば語っているように、この運動に関与しないで（ohne mitzumachen）それを眺めること）であり、あるいはこの運動を作用の外に置くことである。それは、常識や自然的態度の確かさを放棄するということではなくて――それどころか逆に、この確かさこそが哲学がたえずテーマとすることなのだ――、それらがまさにあらゆる思惟の前提として「自明なもの」となっており、それと気づかれないで通用しているからこそそうするのだ。それゆえ、それらを喚起して出現させるためには、われわれは一時的にそれを差し控えねばならない。……反省は、さまざまな超越が湧出するのを見るためにこそ一歩後退するのであり、われわれを世界に結びつけている志向性の糸を出現させるためにこそ、それを緩めるのである。(3)

『イデーンI』におけるフッサールの論述を単純に読む限りは、「現象学的還元」は「純粋自我」や「超越論的主観性」へと還帰して、われわれが日ごろ生きている世界から離れ去ることを意味しているように見える。このような見え方に基づく限り、メルロ＝ポンティによる右のような「現象学的還元」の解説は、フッサールの考えから大きく逸脱したものに見えかねない。また、右の箇所の数行後でメルロ＝ポンティは、「還元が教える最も大きな教訓は、完全な還元が不可能だということだ(4)」と述べているが、このような意味深長な論定もまた、フッサールの論述がたえず感じさせる無味乾燥な印象に合致しないものを思わせる。フッサール現象学についてメルロ＝ポンティが述べていることは、独自の解釈に基づいた変則的なものなのであろうか。

すでにフッサールの考えを検討したわれわれは、メルロ＝ポンティの解説に全面的に賛同できるはずである。第三章で見たように、現象学的還元が、意識と事物との志向的連繫を発見することを意味していることは、むしろフッサール自身が述べているところであった。メルロ＝ポンティは、むしろ独自の鋭い洞察力によってフッサールの真意を見抜いていたのである。

したがって本章においてわれわれが果たさなければならない課題は、このようにフッサールを正しく引き継いでいるメルロ＝ポンティが、例の事物の知覚に関する《事実性》をどのように捉えているかを検討するということ以外にはありえない。第三章で見たように、フッサールはこの《事実性》を受けとめていながらも、そのあり様を正しく捉えているとは言えなかった。それゆえ、メルロ＝ポンティがこの《事実性》をどのように捉えていたかが注目されるのである。

すでに気づかれた読者もいるであろうが、メルロ＝ポンティが哲学するときの言い回しはかなり独特なもので、文学を思わせるような趣きを醸し出している。「世界と関係する運動に意識が加担するという共犯関係」のような言い方は、鮮烈なイメージとともに哲学の主題を見事に浮かび上がらせる。

ただ、このような言い回しによって指摘されているのは、むしろまったく特別なことではない。「世界と関係する運動に意識が加担するという共犯関係」とは、われわれ人間が眼前に物をありありと見ることを表現しているにすぎない。このあまりにも自明なことが成り立つ次第を、哲学は何よりも主題的に解明しなければならないとメルロ＝ポンティは言っているのである。知覚という、人間にとって最も日常的といってもよい事象を闡明するために、『知覚の現象学』という浩瀚な書物は書かれたと言っても過言ではない。

もっとも、同書の探究によって明らかにされる真実は、むしろまったく自明ではない。そこで明るみに出されるのは、われわれの日常の生の根底で働いていながらわれわれが自覚することのできていない深層的な機構である。同書に示されている探究は鋭い洞察で満ち溢れており、解明の所産は大変に啓発的である。その内容を次に、同書の本文の内容に即して見てゆくことにしたい。

第二節　知覚をめぐる謎

『知覚の現象学』の本文の序盤では、「ミュラー＝リヤーの錯視」と呼ばれるよく知られた現象が取りあげられている。[5] 様々な分野でよく言及されるため、馴染みのある人も多いと思われる。非常に分かりやすい事例なので、ここでも見ておくことにしたい。図4―1に描かれている図の中心部分にある二本の直線について、上のほうが下よりも長く見える現象のことである。気になる読者には、物差し等を当てて確かめていただければよいと思う。物差し等で測られる物理的な長さ、客観的な長さという点では、上下二つの直線部分は等しいものである。それにもかかわらず、上の直線のほうが長く見える。これはどういうわけであろうか。

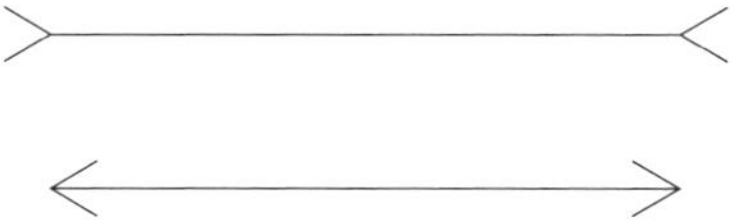

図 4-1　ミュラー＝リヤーの錯視

図 4-2　縦の線のほうが横の線よりも長く見える

次の例（図4―2）は、メルロ＝ポンティが挙げているものではないが、やはり興味深いと思われる事例なので、ここで見ておくことにしたい。縦の直線のほうが横の直線よりも長く見えているはずである。これについても気になる読者には、やはり物差し等で確かめていただきたく思う。物理的・客観的には、両者は同じ長さである。それにもかかわらず、かなり違う長さに見える。これもまた非常に不思議な現象である。

こうした現象からは、われわれが日ごろ考えているのとは逆のことが明らかになる。知覚において、目に届く純粋な与件、眼球に映っているデータは、単純にそのまま受け取られているとわれわれは日ごろ考えていないであろうか。

ところが右の二つの事例からは、むしろこのような純粋な与件、単純な感覚的なデータの捉えられ方が、すでに状況や場面等によって異なっていることが明らかになる。これほど単純な与件が、状況や場面によってまったく違って捉えられるということは、大変に不思議な現象にほかならない。われわれが日常行っている素朴な知覚は、実はこのように容易には理解し難い事象で満ちあふれている。

こうした現象に基づいてメルロ＝ポンティは、古典的心理学が採用してきた「恒常性仮説」は維持できないと考える(6)。それは、物理的刺激とそれによって生み出される感覚との間に、正確な一対一の対応関係が成り立っていると見なす仮説である。この仮説は、知覚経験を物理的過程として捉えようとするものであり、科学主義的な見方にほかならない。この見方に従う限り、同じ物理的な刺激がある場合には、生じる感覚はいかなる状況においても変わらないはずである。

だが「ミュラー＝リヤーの錯視」のような事例から、このような仮説は現実には成り立たないことが明らかになる。人間の知覚は、それが最も単純に成り立っているように思える場面で、すでに容易には解けないような謎を伴っている。だからこそ知覚は、様々な学問分野で探究の対象となる。では、知覚はどのように探究されるのが正しいであろうか。

多くの人は、基礎的だと思われる知覚経験を観察することから始め、それらに関する多くの観察結果を積み重ねることによって、人間の日常の知覚を説明しようとするのではないか。このような思考の過程を踏もうとすることは、健全で律儀な姿勢を表すものであると言えよう。なおメルロ＝ポンティは、こうした探究の過程がとられる背景には、「感覚（sensation）」という基礎的要素が「連合（association）」という心の働きによって合成されることで知覚が成立するという見方があると考えている(7)。

ところがすでに見たように、このような律儀な探究を徹底させるときに、むしろ不都合が生じることが、ミュラー＝リヤーの図によって明らかになったのである。部分を集めるような仕方で知覚を解明することができないことは、すでに明らかである。ミュラー＝リヤーの図において、上の中心に位置する直線は、はじめから別の短い四本の直線と一緒に見られる。それは、外に開けるような方向をとって隣接する四本の短い直線と、はじめからセットで見られる。そして、このようなセットで見られるとき、中心の直線は、単独で見られるときよりも長く見える。逆に、下の中心の直線部分は、内側に折れ曲がるような位置をとる四本の直線とのセットで見られる。このような場合には、中心の直線部分は、単独で見られるときよりも短く見える。

このように、知覚においては、まず個々の部分に関する要素的知覚があって、それが後から結びついて全体が出来上がるという過程は生じない。要素として分離されて取り出されるかに見える部分も、実は「あらかじめ一つの全体に結びついて、一つの意味（sens）をあらかじめ付与されてしまっている」(8)のである。このことをメルロ＝ポンティは、知覚があらかじめ「形態化されている（mise en forme）」(9)こと、ないしは知覚が「組織化されている（s'organiser）」(10)こととも呼んでいる。

『知覚の現象学』の本文の序盤は、知覚がこのように意味を備えた全体的なものであることを述べる論述で占められている。メルロ＝ポンティは、山に海が迫っている風景が見える場合を例に挙げている(11)。深い緑の中に木々の茶色い木肌が点々と見え、その向こうに海原と空が見える風景は、はじめから全体として与えられている。緑や茶色に関する部分的知覚がまずあって、その後にそれらが寄り集まって風景が見えるわけではない。われわれはこの風景をあらかじめ全体として受けとめた上で、移動しながら眺める。そして、われわれがこの風景を、科学的観察者のように中立の立場で見ることは難しいであろう。この風景はすでに何かしら表情をもっていて、われわれの情動に働きかけてくるからである。

それゆえわれわれは、物理的刺激と要素的知覚を対応させるような科学主義的な姿勢をもって知覚を研究することはできない。そうではなく、人間によって「生きられた世界」、「生きた経験の層」(12)に立ち帰ることを試みなければならない。これまで見られたことからすでに明らかなように、知覚の実相は、律儀な学問的探究によってはむしろ取り逃がされてしまう。はじめから意味をもった全体を捉えるという本来の知覚のあり様は、人間が日々生きる日常の経験の中に求められなければならない。

ではわれわれは、日常の知覚経験の中で、どのようなところに探究の出発点を求めることができるであろうか。やはり事物の知覚であろう。日々の暮らしのあり様を振り返ったとき、「生きた知覚」としてわれわれが最も行っているのは、やはり個々の物を目の前でありありと見ることだと思われるからである。メルロ＝ポンティは、暖炉を知覚する場合を取りあげて次のように述べている。

私が一つの事物（chose）を、たとえば一つの暖炉を知覚するとき、その暖炉のさまざまな諸断面の整合があって、そこから私が、これら一切のパースペクティヴに共通する意味（signification）としての、実測図としての暖炉の存在を結論づけるのではない。むしろ逆であって、私は事物（chose）をその固有の明証性の中で知覚するのである。そしてこのことから、知覚経験の展開を通じて、その事物について、無規定に連なる整合した諸側面を獲得したという確信を得るのである。知覚経験を通して事物が同一にとどまるということは、探索の運動の中で自己の身体（corps）が同一にとどまるということの別の局面でしかない。(13)

ここで言われているように、断面を捉えるような要素的な知覚がまずあって、それらが寄り集まってひとまとまりの知覚が出来あがるわけではない。このことはメルロ＝ポンティにおいても、何と言っても事物の知覚について見てとられている。日ごろの生活の中では、やはり何と言っても、目の前にありありと見える事物を現実に存在する事物として見るのが知覚の常態であって、一断片や、ある角度からのみ見える姿を注視するのは、特殊で例外的な場合に限られることであろう。われわれが日ごろ知覚する事物は、それゆえ全体的なまとまりとして捉えられており、したがって意味（sens, signification）を備えている。そしてさらに、知覚される事物とは、人間の意識から独立してそれ自身として存在する事物そのものにほかならない。第三章でフッサールに即して見られたように、不思議なことに人間の意識は、自分自身を越え出て存在するものに届き、それを捉えることができるのである。メルロ＝ポンティはこのことを表して「私は対象そのもの（l'objet lui-même）に向かって進んでゆき、ついにはその肉的現前（présence charnelle）を手にすることを意識する」(14)と述べている。

なお先の引用箇所（注13）には、もう一点重要な論点が含まれている。それは最後に「身体」のことが言及されていることである。意識から独立してそれ自身として存在する事物に人間の意識が至ることができるのは、人間が身体として存在するからだとメルロ＝ポンティは考えている。人間の主体が身体として存在するということは、メルロ＝ポンティの哲学が示した最も重要な論点だと言えるものであり、『知覚の現象学』の前半部では、かなりの部分が身体に関する論述で占められている。メルロ＝ポンティは、人間の知覚の基本型が事物の知覚であることを述べた後、それを可能にするものとして「身体」について論じているわけである。

本来のメルロ＝ポンティの論じ方に従えば、われわれも次に、「身体」を主題とする一節を設けるべきであろう。ただ、われわれはやや順序を変え、『知覚の現象学』の後半部で示されている、色の知覚に関するメルロ＝ポンティの考察を先に辿ることにしたい。そこでは、人間の知覚の本性に関する大変に重要な洞察が示されており、それに関連させるとき、身体に関する事象もより適切に把握されると思われるからである。

第三節　色の知覚――知覚の身体的・触覚的組織化――

《色》とは、知覚において最も直接的に与えられるように思われるものであろう。どの方向から見るかによって物の形が違って見えるのに比べて、物の色はそのつど眼球にそのまま与えられるように考えられるからである。ところがメルロ＝ポンティによれば、人間は色を状況によって異なって知覚しているという。眼球には同じ物理的刺激が届いているにもかかわらず、人間はそれを、状況によって異なる色に見ているというのである。しかもそれは、「白」

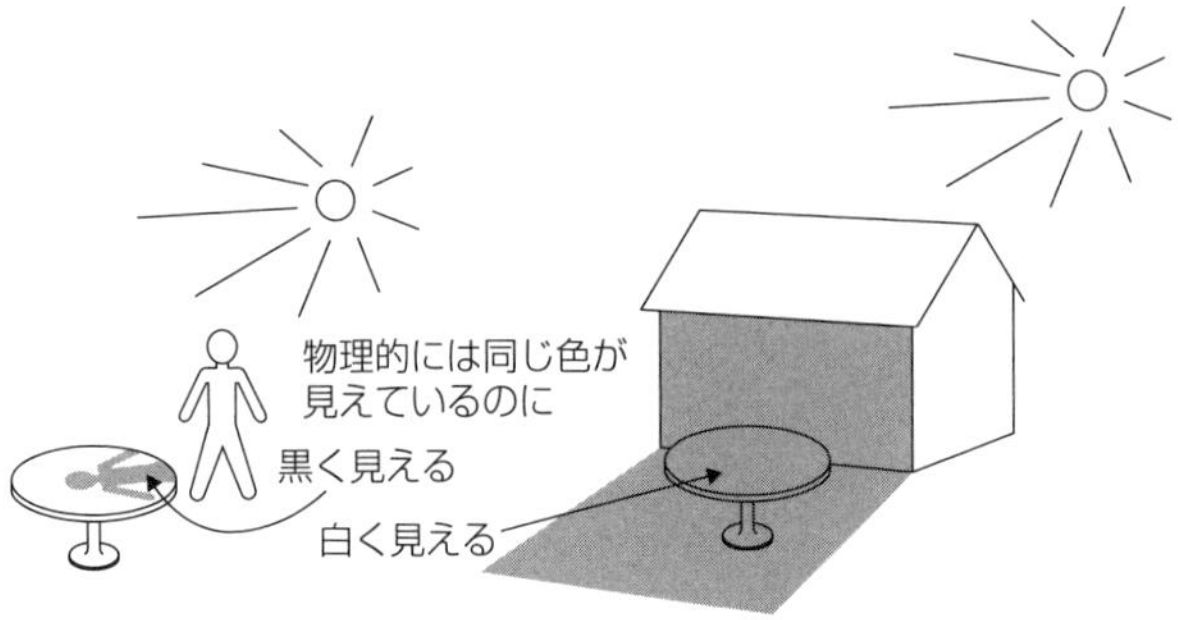

図 4-3　物理的には同じ色が黒く見えたり白く見えたりする

と「黒」に関して指摘されるという。「白と黒」という言い方は、二つの正反対のものを名指すのに使われる比喩であるが、心理学者等が実験で確かめたところによれば、あるとき「白」に知覚される色が、別の機会には「黒」く見えることがあるという。ここまで異なることは驚くべきことだと言えるであろう。この現象について『知覚の現象学』で述べられているところを見てみることにしたい。メルロ＝ポンティが挙げている事例を、やや改変しながら次に示すことにしよう。

よく晴れた日に屋外の庭に出て、そこに置かれた白いテーブルに着席しようとする場合を考えてみよう。日光に照らされているテーブルは、もちろん白く見える。だが私がそこに近づいたとき、太陽を背にする私の身体の影が、テーブルの上に落ちることがある。白いテーブルの上にできた、私の身体の形をした影の部分は、黒く見えるであろう（図4-3）。もっともこのとき私は、テーブルの色が変化したとは考えない。テーブルの色は白いままで、部分によって黒く見えるのは、一時的に視覚の条件が変化したためにすぎないと考える。このような現象はわれわれが毎日経験するものであり、われわれはそれを特に奇妙なものとは思わないであろう。われわれは単に色の見え方が変わっただけだと考え、こうした現象にいちいち気をとめることはなく、それまでの生活を続ける。

だが、ここには解明を要する事象が現れている。影の部分がほかのテーブルの部分に比べて黒く見えることは、まったく明らかな現象である。それにもかかかわらず、われわれは日常生活で、このことに気をとめないで活動している。この場合に、われわれはなぜ色が変化したと思わないのか、きちんと考えてみなければならない。

影のあり様について、次に別の例に即して考えてみよう。すぐ横に立つ建物によって日光が全面的に遮られ、テーブル全体が建物の影の中にすっぽり入りこんでいる場合を考えてみよう。この場合、われわれはむしろ迷うことなくテーブルの色を白として受けとめるであろう。だが考えてみれば、この場合のテーブルの色は、前のケースで影となった部分の色に等しいものであり、黒く見えてもおかしくないはずである。だが現実の知覚において、白いテーブルが全体として影の中にあるときには、それがわれわれに黒く見えることはない（図4－3）。われわれの知覚はこのように、視覚における物理的な刺激の状態を客観的に記述するような自然科学的説明によっては解明されえないものである。

メルロ＝ポンティによれば、このことは心理学者等の実験でも確かめられているという。すなわち、同じ光が届いていることが光波計で確かめられている二つのケースに関して、一方では色が白く見え、もう一方では黒く見えることがあるという(15)。物理的には同じ色が見えているはずの二つのケースに関して、知覚されている色が正反対になることがあるというのである。

はじめに挙げたケースに戻って、影が差してもなぜテーブルの色が変化しないとわれわれは思うのか、もう少し考えてみよう。結論から言うことにすれば、それは、われわれがテーブルをあらかじめ触覚的に把握しているからである。われわれは、テーブルが持続的に存在する固体であることをあらかじめ知った上でテーブルを見ている。テーブルが安定して存在し続ける堅い物体であること、光の当たり方が一時的に変わるくらいではテーブルの状態が変化しないことを、われわれは触覚的に知っている。眼前のテーブルにそれまで実際に手を触れたことがなかった場合でも、これまでの触覚的経験に照らして、テーブルが簡単には変化することがないことを、われわれはあらかじめ知っている。われわれにテーブルが見えるとき、単純に物理的な刺激が目に届いているだけではなく、実はこのように触覚的な捉え方が基礎となって知覚が成立しているのである。そして触覚を担うのは、もちろん眼ではなく、身体の全体を覆っている皮膚である。われわれが物を触覚的に捉えるのは、身体がもつ器官の中では、手によるところが最も大きいであろう。

このように、知覚を可能にしている基盤が身体的・触覚的に形成されていることを、メルロ＝ポンティは「視野の組織化（l'organisation du champ）」[16]と呼んでいる。われわれの日常的な知覚の根底に触覚的経験の層が存在するという指摘は、知覚の本性について考える上で大変に重要なものにほかならない。たとえば遠目に建物を見るとき、われわれはそれが然るべき堅牢さを備えた持続的な存在であることを知った上で見ている。日光の当たり方等が変化するために色が違って見えたり、霧がかかって見えにくかったりする等のことがあっても、われわれはその建物が姿を変えたとは考えない。また川を眺めるとき、われわれは水が液状の物質で自在に形を変えることができること、手でつかもうとしてもつかめないことを知った上で、川の流れを知覚する。このように振り返ってみると、われわれは事物を見るとき、それに触れるときの感覚を潜在的に感じながら見ていることに気づくのではないか。われわれは出生以来、地面や床をたえず踏みしめ、常用しているテーブルに触れ、愛用しているカバンを肩にかける等の行為を通じて、世界の実在をたえず触覚的に確かめながら生活してきた。こうして組織化された構造を、日常のあらゆる事物経験に無意識の内に当てはめるようにして、われわれは日々の知覚を行っていると言うことができる。われわれはすべての事物に実際に触れるわけではないが、必要とあらば触れることができるという思いを潜在的に抱きながら、事物を見ていると言うことができる。

また同様のことは、音を聴く場合に関しても指摘されうる。たとえばガラスが割れた音を聴くとき、われわれはガラスの硬さを同時に感じているであろう。また、サンドバッグのようなものが叩かれて、鈍くて低い音が聞こえるとき、砂の重さや独特の柔らかい感触が同時に感じられているであろう。このような潜在的意識があるため、われわれは「かたい音」「やわらかい音」といった言い方、また「つやのある音」「かわいた音」のような言い方で表現される事柄をよく理解できるであろう。このように聴覚もまたはじめから触覚と結びついている。「諸感官は交流しあう(les sens communiquent)[17]」のである。

このような諸感官の交流・統一に関する洞察を、メルロ＝ポンティはフッサールから引き継いだと考えられる。当時まだ公開されていなかったフッサールの草稿に、これに関連することが書きとめられているからである。たとえば、現在『イデーンⅡ』に収められている草稿では、事物の知覚に属する構成契機として「触覚」が取り上げられている。[18]たとえばわれわれは、表面に光沢のある物を見るとき、それを、手で触ればツルツルとした感触が得られるものとして見るであろう。また、表面に砂が塗りつけられているような、肌理《きめ》の粗い物を見るときには、触ればザラザラするということを意識するであろう。

たしかにわれわれは日ごろ、目の前に見えるすべての事物に逐一触れることなどできない。それゆえ常時世界を触覚によって確かめながら生きているわけではない。だが、すでに見てきたように、たとえ実際には触れない場合でも、その気になれば触れることができるということを潜在的に意識しながら、われわれは物を見ているであろう。また、触れた場合にはどのような感触が得られるかも潜在的に意識しているであろう。このことをフッサールは、知覚の根底に「私はできる(ich kann)」という意識が働いていることとして記しており、[19]メルロ＝ポンティもそれを引き継いでいる[20](フランス語では"je peux"と言う)。

知覚に属する事象で、このような物体の把握に関わる部分をフッサールは「物質性の層(Schicht der Materialität)[21]」と呼んでいる。これがなければ、現実に存在している物を幻像から区別することはできない。そして、この「物質性の層」は「触覚的図式(taktuelles Schema)」に基づいて捉えられるとフッサールは言う。[22]

この図式は、もちろん身体のみが持ちえるものにほかならない。もっとも、知覚する主体が骨肉を備えた身体として存在するという考えは、フッサールの持ちえないものであった。フッサールもたしかに身体のことを頻繁に語ってはいるが、それは言及の域を出ていない。本書の第三章でも述べたように、フッサールが追求した意識(主観性)は、この世界に属するもの、常識的に考えられるような心理学的なものではないとされ、この世界を越え出た次元のものとして考えられた。それは「超越論的意識」ないしは「超越論的主観性」と呼ばれた。

だが、考え方を根本から変えて、人間が身体として存在することを認め、身体にこそ超越論的な機能が備わるという見方をとるとき、フッサールが捉えきることのできなかった真実を明らかにすることができる。まさにこのことがメルロ＝ポンティの行ったことであった。次にわれわれは、メルロ＝ポンティが身体について論じているところを見てみなければならない。

第四節　身　体

人間が《身体》として存在するということは、日常の素朴な見方においてはまったく自明なことであろう。だが、ヨーロッパの哲学ではこのことが重視されたことはほとんどなく、人間の存在の本質は《理性》ないしは《意識》、あるいは《精神》にあると考えられてきた。もちろんそれは身体をもたない存在である。それゆえヨーロッパの哲学においては、人間が眼前の事物を視覚的に捉えることが重視されてきたにもかかわらず、目（眼球）の働きが言及されることはなかった。むしろこのことはほとんど等閑視されて、意識内に存在する白紙状のものに事物の姿が投射されるとするような見方がとられてきた。こうした見方を一新して《身体》を重視したところに、メルロ＝ポンティの哲学の最大の特徴があったと言うことができる。

ここでは、メルロ＝ポンティが《身体》の存在を「両義性な存在（existence ambigu）[23]」と呼んでいたことに最初に触れておこう。すなわち《身体》とは、両立しえないような二つの性格を同時に併せもった存在だということである。この矛盾するかに見える二つの性格とはどのようなものかを見なければならない。

身体としての人間は、たしかに一方では物体と同様の存在であり、物理法則をはじめとする物体の秩序に服している。高所から落ちれば、人間は地面に叩きつけられて、大怪我を負うか死んでしまうのを免れることができない。高速で走ってくる自動車にはねられてしまったときも同様である。このように人間は、たしかに一方では事物に等しい存在であり、事物を支配する秩序に従わなければ生きることができない。

それゆえ、人間の身体を物体と見なそうとする姿勢はたしかに成り立ちえる。身体を精神や心とは異なるものとして扱おうとする見方は、人類の歴史の中で様々に存在してきた。その典型は近代自然科学がとった見方であると言えよう。本書の第二章で見たデカルトの心身二元論を思い出されたい。デカルトにおいては、人間の身体は物の領域に属するとされ、機械として扱われた。このような見方は近代自然科学の成立とともに生じたものであり、今日の医学でも引き継がれている。実際に今日の医学研究や医療行為は、人体を機械と見なす立場で営まれている。

身体をこのように客体的に捉える見方は、今日われわれに馴染みの深いものであろうが、これが身体を捉えるときの唯一の見方ではないことは、少しでも考えれば気づかれるはずである。例えば、自ら動くことができるという点で物体と異なるということは、身体に固有の性質としてすぐに挙げられるであろう。こうした性質は、先ほど見られたような物体としての身体、対象として捉えられる身体（以下、本書ではメルロ＝ポンティに従って「客体的身体（corps objectif）[24]」と呼ぶことにする）に属するとは見なされえないものである。「客体的身体」にはない性質を備えた身体（メルロ＝ポンティはそれに「生きた身体（corps vivant）」「現象的身体（corps phénoménal）」のような呼び名を与えている[25]）のあり様を示そうとすれば、様々な事柄が挙げられうるであろう。「現象的身体」に関する『知覚の現象学』の論述は、こうした事柄を挙げ尽くそうとしているようにも見えるもので、非常に多岐にわたっている[26]。

紙幅ばかりを費やすのを避け、本書では、それらのうちの一つだけを取りあげることにしたい。それは、身体が、物体と違って自ら行為する主体でありえるという点である。人間の身体は単なる物体ないし機械ではないため、外部からの刺激に単純に反応するような仕方で働くことはない。「私の手が刺激に先立って……自分の触れている対象をつかみとる、その仕方」にこそ「生きた身体」の機能が見てとられるのだとメルロ＝ポンティは言う[27]。人間の身体は自ら物をつかもうとするのであって、何か他の存在に動かされて物に向かうわけではない。

人間が自らの身体を自ら生きるときに明らかになる身体の機能は、意志の働きとあまりにも一体化しているため、むしろ見えにくくなる。例えば、手で何かをつかもうとするとき、われわれの意識はつかまれる物のほうに向かって、手に向かうことはない。また、たとえば棚を作ろうとして、のこぎりやハンマーを使って大工仕事をするとき、われわれの意識は、こうした道具のほかに、目の前にある木片や釘、出来上がったときに予想される棚の姿のほうに向かって、自分の手の動きや、それと連動した身体の動きに向かうことはない。まして目（眼球）の動きを意識する人などまずいないであろう。このように意識が事物（対象）に向かうときには、身体は素通りされてしまって、主題化されることがない。われわれは日々の生活の中で、自らの意思に基づいて行動していると思っているとき、このことが身体のもつ主体的な働きによって成り立っていることを、いつの間にか忘れている。身体がそのまま「生きられる」ときに果たしている機能を、われわれは日ごろ潜在的にしか意識していない。

だが、このように忘れられている機能を自覚することができるとき、物と並んで存在している客体的身体が、実は同時に主体でもあることが見てとられる。このような両義性が気づかれるときの事例として、メルロ＝ポンティは、物をつかんでいる右手を、さらに左手がつかむという行為を挙げている。(28) この場合の右手は、主体であるのと同時に客体でもある。物をつかんでいながら、それとまったく同時にもう一方の手によってつかまれているからである。そしてこのとき、右手が何かしら混乱するというようなこともない。このように身体は、主体であるのとまったく同時に客体であることが無理なくできる存在であり、それゆえ両義的な存在にほかならないのである。

また、これはメルロ＝ポンティが挙げている例ではないが、両手を合わせて合掌する場合を考えてもよいであろう。この場合どちらの手も、もう一方の手を押すと同時に、それによって押されている。したがって、どちらの手も主体であると同時に客体となっている。日常のまったくありふれた行為において、身体の両義性が間違いなく成り立っていることが見てとられる。

さて、先にも見たようにメルロ＝ポンティは、眼前にありありと物を見るという、最もありふれた知覚が成り立つ根拠を、人間が身体として存在するところに求めていた。人間が身体として存在することがなぜ事物の知覚を成り立たせることになるのか、考えてみなければならない。

物が目の前にありありと見えるとき、われわれはその物が間違いなく存在すると考える。このことは人間の知の最終的源泉であり、またわれわれの生の最根本の基盤でもあるとも言える。われわれが確かなものを求めるとき、たえず立ち帰るのは、このような直接的経験である。眼前で物を知覚するときの確かさは、ほかとの比較が成り立ちえないような別格のものであり、それゆえメルロ＝ポンティはそれを「固有の明証性（evidence propre）」[29]と呼んでいる。

この根源的な確かさ、明証性の根拠は、すでに見てきたように、知覚する主体が、必要とあらば物を手にとってその存在を確かめることができるところにある。目の前に見えている物が幻でなく、本当に存在していることを確かめようとすれば、われわれはそれに触れようとするであろう。そうすることによって物の感触や重みを確かめようとするであろう。物が存在する根拠を得ようとしてわれわれが最終的に頼みにするのは、このように触覚である。そして、触覚の担い手は身体以外にありえない。目の前にありありと見えている物が間違いなく存在するとわれわれが考えるのは、その気になればわれわれは身体としてそれに直接触れることができるからである。「私は私の身体によってこそ《事物》を知覚する[30]」のである。

これまで見てきたように、身体に関わる事象は潜在的にのみ意識されていることが多いため、表立って主題化されることは少ない。それは、とりわけ哲学においてはテーマになりにくい。例えばデカルトは、例の「明晰判明の規則」について述べるとき、「私が非常に明らかに見る（je vois très clairement）」ことの根本的な重要性を強調するが、見るという働きが目（眼球）の存在、ひいては身体の存在を前提にしていることには、まったく言及していない[31]。デカルトにとっては、こうしたことは思い至りようのないものであった。見られてきたようにデカルトの哲学は、絶対に確実なものとして意識の存在に基づこうとするものであったため、外界の物体と同じ領域に属する身体に注目するという発想はとられようがなかった。

このように《身体》とは、本当の意味で知ろうとする哲学、真の知識を追求する哲学にとっては、受け容れるのが難しいものだとも言える。このような伝統的哲学とは対照的に、メルロ＝ポンティの哲学は、すでに見たように「事実性（facticité）」を受け容れようとする哲学である。目の前にありありと見える事物が現実に存在するということ、《身体》として存在している人間がこうした存在をそのまま受けとることができるということを、メルロ＝ポンティは、実際に成り立っている事実として受け容れようとするのである。

いまさら言うまでもなく、われわれは《事実性》を受け容れる立場に与するものである。《事実性》を認める哲学を構想しようとしたフッサールの現象学の努力は、メルロ＝ポンティにおいてその十分な結実を得ていると言うことができる。《身体》に定位する見方をとることによって、事物そのものに意識が届くとする考えが、ようやく現実のこととして理解されうるからである。

第五節　知覚と身体

《身体》に定位しながら物の知覚のあり様を考察するとき、知覚はどのようなものとして捉えられるか、メルロ＝ポンティが言うところをもう少し辿ってみることにしたい。

いま目の前で、大理石で出来た白い灰皿をありありと見る場合を考えてみよう。この灰皿をわれわれがはっきり見ることができるのは、日中の自然光の下で、五〇―六〇センチメートル離れたところから、斜め上方の角度から見るときであろう。このようにして、知覚者が最適の条件の下で、最適の位置から最適の角度において見るときに、知覚の原本とも言うべきものが生じると言うことができる。これは、メルロ＝ポンティも認めていることである。(32) 参考までに言えば、このように知覚の原本を認める見方を、メルロ＝ポンティはフッサールから引き継いだと考えられる。

『イデーンⅡ』に収められた草稿の中でフッサールは、事物の知覚に関しては、事物の「最適の与えられ方（optimale Gegenbenheit）」があって、その状態の下で事物が最もよく見えると述べているからである(33)。

これまでも述べてきたように、このとき、灰皿から来る感覚与件（センス・データ）が網膜ないしは心中のスクリーンに映写されるわけではない。われわれは灰皿そのものを見ている。われわれの意識は、それ自身として存在している灰皿そのものに届いている。それゆえ、われわれが見ている灰皿は、ずっしりとした重みをもったものとして、また滑らかな感触のものとして、はじめから十分な実質をもって眼前に存在している。それは「それ自身で（en personne）」「骨肉を備えて（en chair et en os）(34)」われわれの眼前にある。メルロ＝ポンティによれば、われわれが日ごろ行っているこのような自然な知覚は、あらゆるものの中で最も明証的であり、最も確かなものにほかならない(35)。

そしてこの明証性は、われわれが《身体》として存在することによって成立している。自分が《身体》として存在していることを自覚しているわれわれは、目の前の灰皿が、一面で自分と等しい存在であることを知っている。このとき「われわれの身体と事物との対化（accouplement）」が起きているとメルロ＝ポンティは言う(36)。われわれは、事物が自分と同じ世界に属し、自分と並んで存在することを、実はすでに知っている。「私は自分の身体をもって諸物のあいだに入り込み、諸物は受肉した主体（sujet incarné）としての私と共存している(37)」のである。身体としての自分と事物とは、同じ世界の中にあって、地続きしているかのようにつながって存在している。あるいは、両者は同じ布地で出来ていて、世界という共通の織物を織り成しているといった言い方もできるであろうか。

《身体》として存在するわれわれは、もちろん実際に灰皿に触れることができる。灰皿を拭いたり、灰皿を手で持って別の場所に移動させたりといったことは、われわれが日常茶飯に行うことである。こうしたことをするとき、われわれは、それ自身において存在する事物そのものに直に接している。こうした行為を行うとき、われわれの意識は灰皿そのものに向かっていて、自分の身体の働きを主題化することはないが、身体のことを潜在的には意識している。身体は素通りされてしまって、顕在的には意識されないが、対象（事物）そのものへの意識の関わりが《身体》

によって実現していることは潜在的には意識されている。「意識とは、身体を媒介にした事物への存在[38]」にほかならないのである。

《身体》に着目することは卓抜した発想である。ここまで見ただけでも、人間の存在を《身体》として捉えることによって見えてくることが、数多く挙げられてきた。メルロ゠ポンティが《身体》に着目するようになった経緯は、必ずしも明らかではないが、次に挙げる現象は、メルロ゠ポンティの着想の大きなきっかけになったと考えられるものである。それは「幻影肢」と呼ばれる現象である。

「幻影肢」とは、事故や戦争が原因で、手や足を切断されなければならなかった人が、その後、もはやないはずの手や足に痛みやかゆみを感じるという現象のことである。このような現象がどうして頻繁に見られるのか、これまで様々な説明が試みられてきた。神経伝達等のあり様に訴える生理学的解明が試みられたこともあれば、精神状態の問題として心理学的に解明されようとしたこともあった。だがこの現象には、こうした解明によってはどうしても説明しきれないところが残ってしまい、決定的な説は示されないままであった。

メルロ゠ポンティはこの「幻影肢」という現象を、人間がはじめから自分を全身として生きようとする現象、自分の身体をいわば内側から生きている現象と見なそうとする。そして、人間存在のこのような根源的なあり様は、生物学的な見方や心理学の観点に立って事後的に説明されるようなものではないと考える。すなわちメルロ゠ポンティによれば、はじめから身体として存在している人間は、自らの身体（「現象的身体」）をいわば内側から生きているため、物体と同等のあり方をする客体的身体の次元で欠損が生じても、その後なおも「現象的身体」を生き続けようとする（このように引き続き生きられる身体は「習慣的身体（corps habituel）[39]」とも呼ばれる）というのである。人間は、その根本的存在様態において、自らの身体を全体として生きようとするのであって、この点に関しては客体的身体の部分的変化は必ずしも影響を与えないというわけである。

メルロ゠ポンティの考えは、彼が「身体図式（schema corporel）」と呼んでいるものを参照すると理解しやすいと思われる。それは、人間が自分の身体を生きるときの位置感覚のようなものである。例えば、パイプでたばこを吸う人がいる場合を考えてみよう。この人がパイプをくわえたり口から離したりする動きを見るとき、われわれはグラフの座標軸に似たものを背景に意識しながら、この動きを観察するであろう。必要とあらば、口とパイプが何センチメートル離れているかを測定することもできるであろう。だが、自分がパイプでたばこを吸うときには、われわれはこのような意識をもたないはずである。パイプをとって口までもってくる動きを、はじめから手の運動として身体的に感じ、また口から離した後にパイプが来る場所を、自分が手を位置させる場として意識しているであろう。この場合、外から客体的身体を見るときと同じように、自分とパイプとの間の距離を意識することはない。自分がパイプでたばこを吸うときにわれわれが持つ位置感覚が、「身体図式」とメルロ＝ポンティが呼ぶものである[40]。また、蚊に刺されてかゆくなった場所にわれわれが思わず手をもっていくときにも、同様に「身体図式」が働いていると言うことができる。このときわれわれは、外から身体を見るときにように、蚊に刺された場所を確かめるようなことはしない。そのような過程をとらずに自動的に手をその場所にまで伸ばす。このときの位置感覚は、われわれが身体を生きるときに、言わば内側から感じられるもので、グラフの座標軸のようなものとはまったく異なるものである。

このように「身体図式」に基づいて、はじめから自らの身体を全体として生きる人間のあり様を、メルロ＝ポンティは、ハイデガーやサルトルと同様に「実存（existence）」と呼んでいる[41]。そしてそれは、はじめから世界に属して、世界と不可分に関わり合う仕方で存在するという。ハイデガーが「世界−内−存在（In-der-Welt-sein）」と呼んだものをメルロ＝ポンティも引き継いでおり、それをフランス語で“être au monde”と記している。実存としての人間は、神経の構造や状態とは関係なく、また精神状態とも関係なく、はじめから世界内に属し、自分の周囲にある世界に向かおうとするとメルロ＝ポンティは言う。

〔幻影肢という〕以上の現象は、生理学的説明によっても心理学的説明によっても等しく歪められてしまうが、世界内存在（être au monde）の中では逆に理解のできるものである。われわれの内にあって手足の切断や欠損を認めまいとするものは、何らかの物的な世界、何らかの間人間的な世界に参画している《私（Je）》であり、この《私（Je）》が、手足の欠損や切断にもめげずに世界へと向かい続け、その限りで、手足の欠損や切断を断じて認めまいとするのだ。欠損を拒否するということは、われわれが世界に内属していることの裏面にすぎない(42)。

本書は、幻影肢という現象に関するメルロ＝ポンティの解説の正否を決しようとするものではない。そのことは別にして、ここで注目されるのは、《事実性》を受け容れようとするメルロ＝ポンティの姿勢がまたしても明らかになっていることである。人間が《身体》として存在して、自分を取り囲む世界に向かって働きかけようとすることを、メルロ＝ポンティは、はじめから成り立っている「事実」として認めようとする。それは、科学的に説明されうるか否かに関係なく成立している「事実」であり、そのまま受け容れられるしかないことだとメルロ＝ポンティは考えているのである。

「世界内存在」という《事実性》について語るとき、メルロ＝ポンティは、自らの哲学とデカルトの哲学との対比をかなり意識している節がある。いま一度デカルトと対比させながら、メルロ＝ポンティの主張を辿ることにしたい。

第六節　知覚を生きること

デカルトが、同時代に成立しようとしていた数学的幾何学的自然科学を、学問の理想形態として実は前提していたという事実を、ここでもう一度思い出されたい。自然科学を前提する姿勢をもって見られる世界を、メルロ＝ポンティはまさに「デカルト的世界（le monde cartésien）(43)」と呼んでいる。そしてこの世界は、石の集合であるかのようにイメージされるものだと述べている。石は固く、はっきりした輪郭をもっているため、しっかりとした存在感、安定した存在感を示す。石の集合として考えられるような世界は、堅固な空間を思わせるものであり、純粋な幾何学的空間に近いもの、科学研究が仮想する理想空間だと言うことができよう。

近代自然科学は、このような理想空間の中で斉一性が成り立っていると考える。石のように安定して存在する諸物体の間で、安定した因果関係が恒常的に成り立つと考えるのである。例えばニュートンの古典力学は明確にそうした見方をとった。一つの原因からはあくまで一つの結果のみが生じ、別の結果が生じることはありえないとニュートンは考えた。これと同様の見方に立って知覚について考えようとするとき、刺激と感覚との間に精確な対応関係があるかのように考えられてしまう。だがこうした見方に立つとき、現実の知覚のあり様が捉えられないことは、これまで見てきた通りである。物理的には同じ長さの直線が見えているはずなのに、人間の感覚はそれを違う長さのものとして捉える。また、同じ波長の光が届いていて、客観的には同じ色が見えているはずなのに、われわれにはそれが、時には白く、時には黒く見える。同じ色を白く捉えたり黒く捉えたりするのが、人間の知覚なのである。

科学主義的な見方に立って、知覚を客観的な物理的状態として捉えようとする姿勢がとられるとき、知覚に関する考察は、いつの間にか知覚の現場から離れてしまうことをメルロ＝ポンティは指摘する。そしてこのとき、知覚に関する観察や探究は、知覚という現象を高所から俯瞰的に眺めるようなものになるという。このことをメルロ＝ポンティは「世界を上空飛行する（survoler）」ことと呼んでいる(44)。科学主義的な見方をとって知覚を上方から観察しようとするとき、われわれはいつの間にか知覚を、ある場所から別の場所に物理的刺激が届く運動として捉えてしまう。石が移動して別の石にぶつかるのと同じような出来事として知覚を捉えてしまうのである。

こうした「上空飛行的」な見方が知覚に関する誤った考えを生じさせる次第を、メルロ＝ポンティは様々に指摘してきた。では、「上空飛行的」な見方を脱して、知覚をその本来のあり方において探究するためには、われわれは何をするべきなのであろうか。自分が普段実践している知覚、すなわち、われわれが直に「生きている」知覚に立ち帰ることと以外にないであろう。すなわち、知覚する自分を科学者のように外から観察するのではなく、身体として存在し、世界の中に埋没して事物に取り囲まれながら、自分が事物そのものを直接見る体験に立ち帰ることである。

このように考えるとき、「私の眼は知覚においては対象にならない(45)」ことが洞察されるとメルロ＝ポンティは言う。これは非常に重要な洞察である。というのは、実際の知覚において自分の眼を自分で見ることができないことに気づくとき、自分の眼に物理的刺激が届くこととして知覚を捉えようとするような「上空飛行」的な見方が、実は知覚を捉えそこなっていることが、まったく明らかな仕方で見てとられるからである。そしてこのとき、自己認識に関しても非常に重要なことが明らかになると言うことができる。すなわちそれは、自分を上から見ることのできないわれわれは、自分自身をごく部分的にしか直接見ることができないということである。われわれは自分に関して、手足や腹部付近しか直接見ることはできず、自分の眼や顔、後頭部や背中といったものを直接見ることは永久にできない。われわれは実は、知覚によって自分を十分に捉えることがないまま、普段生きているのである。

では、それに対して、われわれは事物を十分捉えていると言えるであろうか。自分に関する場合とはまた別の意味で、われわれは事物も十分に知覚していないと言わざるをえない。上空飛行することなく、事物を非常に低い場所から知覚する以外にないわれわれは、そのつどそれらの一側面を見ることしかできないからである。こうした現実は、ともすれば科学主義的な見方に浸ってしまうわれわれには、日ごろ意識されにくくなっているであろう。

だが、このように不十分にしか見えないにもかかわらず、われわれは自分と事物の存在を確信して生きている。そしてそれは、やはりわれわれが《身体》として存在し、《身体》を生きているからである。見られてきたように、われわれは「現象的身体」を内側から直接生きることによって、自分の存在を確信している。そして、生きられた身体が同時に「客体的身体」であることも知っているわれわれは、自らの身体が事物と並んで存在していることを知っている。そのため、自分の存在を確信しているわれわれは、一面で自分と同じあり方をしている事物が存在していることも、同時に確信することができるのである。

このようにして捉えられる事物は、それゆえ、見られているというよりは、身体を通して、身体と同様の存在者として肌感触的に捉えられている。このことを表現するのにメルロ＝ポンティは、「事物を生きる（vivre une chose）[46]」といった言い方をすることがある。メルロ＝ポンティの語り口を次にいくつか見てみることにしよう。

> 事物を知覚するためには、われわれはそれを生きなければならない[47]。

> 事物というものは、知覚の中で実際にあたえられているものではなく、われわれによって内面的にとりもどされ、再構成され、かつ生きられるものなのだ[48]。

> 言葉のまったき意味での世界は、対象ではない。……事物と世界は……私のような主体によって生きられてしか存在しない[49]。

事物を知覚することは、それを視界の中に見てとるというよりは、自分の身体を直接感じるのと似たようにして事物を捉えることだとメルロ＝ポンティは言っているのである。《身体》に着目しながら人間の知覚の成り立ちを解明しようとするとき、得られる成果は実り多いものである。人間が事物を知覚するとき、同時に自分の身体を生きているといったことは、まず気づかれることのないことであろう。メルロ＝ポンティの探究は、このように普段は自覚されることのない現実を見事に照射するものであり、比類のない洞察力を示すものにほかならない。

本書ではここまで、「目の前にありありと見える事物が現実に存在する」、「事物の総体である世界が現実に存在する」という、まったく自明な事柄を示すのに、哲学がひどく難渋してきた事情を見てきたことになる。こうした事柄は、あまりにも自明であるため、日ごろ生活する中で人間が疑問視することのないものである。このように実際には疑問視することができないものを、われわれは《事実性》と呼んできた。

この《事実性》は、真の意味で知ろうとする哲学の営みによっては、むしろ取り逃がされてしまう。とりわけデカルトは、この《事実性》をついに取り戻すことができずに終わった。それに対してフッサールは、「志向性」という概念によって《事実性》の回復を試みたが、その試みも十分なものとはならなかった。この回復は、メルロ゠ポンティによってようやく成就されたと言うことができる。《事実性》を回復するという、哲学にとっては非常に困難になっていた課題に答えた功績は、ほかのどの哲学者よりもメルロ゠ポンティに帰せられる。その業績は、哲学史上の決定的な一地点を刻するような意義をもっていると言える。文学を思わせるような趣き深さをもってメルロ゠ポンティが表わしてみせた事象は、われわれが何度でも反復して噛みしめなければならないものであると言えよう。

本書ではここまで、主として知覚をめぐる《事実性》が検討されてきた。次章以下では、言語に関する《事実性》について見ることになる。読者諸賢におかれては、次章からこれまでとは異なることがテーマとなることに、あらかじめご留意いただくようお願いしたい。

注

（1）Merleau-Ponty, M., *Phénoménologie de la perception*（Gallimard, 1945）, p. I. 竹内芳郎ほか訳『知覚の現象学1』（みすず書房、一九六七年）、一頁。傍点引用者。以下、同書からの引用に際しては *PP* と略記する。
（2）*PP*, p. 301. 邦訳2、八四頁。傍点引用者。
（3）*PP*, p.VIII. 邦訳1、一二頁。
（4）*Ibid*. 邦訳1、一三頁。
（5）*PP*, p. 12. 邦訳1、三四頁。
（6）*PP*, p. 14. 邦訳1、三六頁。
（7）*PP*, pp. 9–63. 邦訳1、二九―一〇二頁。
（8）*PP*, p. 16. 邦訳1、三八頁。
（9）*PP*, p. 26. 邦訳1、五三頁。

(10) *PP*, p.27. 邦訳1、五四頁。
(11) *PP*, p.24f. 邦訳1、五一頁。
(12) *PP*, p.69. 邦訳1、一一〇頁以下。
(13) *PP*, p.216. 邦訳1、三〇四頁。
(14) *PP*, p.269. 邦訳2、四五頁。
(15) *PP*, p.354f. 邦訳2、一五三頁。
(16) *PP*, p.356. 邦訳2、一五四頁。
(17) *PP*, p.260. 邦訳2、三五頁。
(18) Husserl, E., *Ideen zu einer reinen Phänomenologie und phänomenologischen Philosophie, zweites Buch, Husserliana Bd. IV* (Martinus Nijhoff, 1952), S. 36ff. 立松弘孝ほか訳『イデーンⅡ-Ⅰ』（みすず書房、二〇〇一年）、四二頁以下。
(19) Husserl, *Cartesianische Meditationen*, S. 128. 邦訳、一七四頁。
(20) *PP*, p.363. 邦訳2、一六三頁。
(21) Husserl, *Ideen……, zweites Buch*, S.37. 邦訳Ⅱ-Ⅰ、四三頁。
(22) *Ibid.*, S. 38. 邦訳Ⅱ-Ⅰ、四四頁。
(23) *PP*, p.231. 邦訳1、三二四頁。
(24) *PP*, p.123. 邦訳1、一八五頁。
(25) *PP*, p.90, p.123. 邦訳1、一三七頁、一八五頁。
(26) *PP*, pp.79-232. 邦訳1、一二三—三二六頁。
(27) *PP*, p.90. 邦訳1、一三七頁。
(28) *PP*, p.108ff. 邦訳1、一六三頁以下。
(29) *PP*, p.216. 邦訳1、三〇四頁。
(30) *PP*, p.216. 邦訳1、三〇五頁。

(31) Descartes, *Discours de la méthode*, p. 33. 邦訳、一八九頁。
(32) *PP*, p. 348. 邦訳2、一四五頁以下。
(33) Husserl, *Ideen……, zweites Buch*, S. 75. 邦訳Ⅱ-Ⅰ、八八頁。
(34) *PP*, p. 369. 邦訳2、一七一頁。
(35) *PP*, p. 216, p. 375. 邦訳1、三〇四頁以下、邦訳2、一七八頁。
(36) *PP*, p. 370. 邦訳2、一七一頁。
(37) *PP*, p. 216. 邦訳1、三〇四頁以下。
(38) *PP*, p. 161. 邦訳1、二三三頁。
(39) *PP*, p. 103. 邦訳1、一五六頁。
(40) *PP*, p. 117. 邦訳1、一七六頁。
(41) *PP*, p. 142. 邦訳1、二〇九頁。
(42) *PP*, p. 96f. 邦訳1、一四七頁。
(43) *PP*, p. 383. 邦訳2、一八九頁。
(44) *PP*, p. 383. 邦訳2、一八八頁。
(45) *PP*, p. 323. 邦訳2、一一二頁。
(46) *PP*, p. 376. 邦訳2、一七九頁。
(47) *PP*, p. 376. 邦訳2、一七九頁。
(48) *PP*, p. 377. 邦訳2、一八一頁。
(49) *PP*, p. 384. 邦訳2、一九一頁。

第五章　アーペルとハーバーマス

本書ではここまで、主として知覚をめぐる《事実性》について見てきた。それに対して以下では、言語をめぐる《事実性》について見ることになる。言語をめぐる《事実性》とは、平たく言ってしまえば、「人間はとにかく言語を話す存在である」、「言語なしには人間の存在や生活は考えられない」といったことを意味する。こうしたことは非常に多くの人が日ごろ感じていることでもあり、とりたてて問題にされる必要はないように思われるかもしれない。ところが、言語をめぐるこのような《事実性》が、哲学の最も重要な命題にも関係しているとなれば、それは単なる雑感の一つというだけではすまなくなる。その命題とは、本書でも見られてきた、デカルトのコギト命題のことである。コギト命題については、その内容を言語なしで提示したり理解したりすることができるのかという問題が生じることは、われわれもすでに指摘したところである（本書、第二章第四節）。言語があらかじめ理解できていてこそコギト命題の内容も伝達されうるということになれば、それが表わそうとするような無前提性は実は達成されていないのではないかという疑惑は、非常に大きいものだと言わねばならない。

二〇世紀の後半に、ある哲学者がこの問題について、ついに本格的に論じるに至っている。(1) それは、J・ヒンティッカというフィンランド出身の哲学者である。ヒンティッカの主張は、コギト命題が述べる事柄そのものは、たしかに何も前提せずに成り立つことではあるが、それを主張したり、それについて議論しようとしたりするときには、言語に依拠するのを避けることができないことを言うものである。コギト命題を持ち出すことがすでに無前提性を逸しているというヒンティッカの主張は、大変に重要で啓発的なものである。本章の前半でわれわれは、ヒンティッカの議論の内容を見ることにしたい。

またヒンティッカの議論は、学問を再構築するという哲学の課題がいかにして果たされるかに関して、大きな示唆を与えるものでもある。コギト命題を持ち出すことがすでに言語を前提するということになれば、コギト命題を絶対的な始点と見なして、そこからそれ以外の事象を演繹的に導き出すという、デカルトが考えた道筋は成り立ちえないことになる。言語を前提することが避けられないことを認めた上で、学問がいかにして構築されうるかを論じる道を探らなければならなくなる。このような道を探究したものとしては、K＝O・アーペルとJ・ハーバーマスの哲学が挙げられる。この哲学は、簡単に言えば、言語的な《事実性》を受け容れ、合意を目指して論議を続けるところに学問の営みが成り立つと考えるものである。本章の後半では、この二人の哲学の内容について検討することになるであろう。

なおこのような学問論は、図らずもさらに別の《事実性》をも明るみに出すことになる。それは倫理・道徳に関する《事実性》である。あえて雑駁に言えば、それは「大多数の人が同意するような規範が、正しい道徳の規則として通用する」ということを意味する。日ごろの生活の中で道徳的に振る舞おうとするとき、われわれのほとんどは「誰が考えてもこうするのが正しいはずだ」と考えて行動するのが現実であろう。このように、現実の倫理・道徳としては、ほとんどの人が自明視して受け容れるものが通用していると言える。このようなことも、《事実性》という言葉で呼ばれるのが適切なものであろう。アーペルとハーバーマスの哲学の構想においては、言語に関する《事実性》の考察が、倫理・道徳に関する《事実性》をも明るみに出すという経過が見られる。本章では、このような倫理・道徳をめぐる《事実性》についても論じることになるであろう。

この点に関して仔細は後の論述に譲ることにして、まずはヒンティッカの主張の内容を見ることから始めることにしたい。

第一節　ヒンティッカによるコギト命題の行為遂行論的解釈

ヤーッコ・ヒンティッカ（Jaakko Hintikka 一九二九年―二〇一五年）は、フィンランド生まれの哲学者・論理学者である。フィンランド学士院、スタンフォード大学、フロリダ州立大学、ボストン大学等で教授を務めている。様相論理に関する研究や、可能世界を考慮に入れた、志向性に関する独自の理論を示したこと等で知られている。

ヒンティッカによるコギト命題の解釈の眼目は、それを、三段論法からなるような論理的推論とは異なるものと見なすところにある。「私は考える、ゆえに私はある」という命題（コギト命題）は、その構造を見れば、論理的推論であるように思われるであろう。「ゆえに」という接続詞をはさんで、「私は考える」という前件から「私はある」という後件が導き出されているように見えるからである。そのため、コギト命題にはじめて接する人のほとんどは、この命題を、論理的推論と同様の構造のものとして理解するであろう。ところがヒンティッカによれば、この命題は実はこのような推論ではないし、そのことはデカルト自身も分かっていたという。もしコギト命題が論理的推論であれば、架空の人物（たとえばハムレット）が劇中で「私は考える」と発言すれば、この人物は実在することになってしまう。だが、この台詞を聴いた観劇者が、ハムレットを実在の人物と見なすことはないであろう。ということは、コギト命題が発言される以前に、発言する人が存在しているか否かは、すでに分かっていたことになる。(2)

したがって、コギト命題が果たしているのは、発言者の存在をはじめて明るみに出すことではなく、あらかじめ分かっている発言者の存在をあらためて確証するということなのである。ヒンティッカによれば、コギト命題が表現する確実性は、それが行為遂行（performance）であることに起因しているという。(3) すなわちコギト命題は、何らかの客観的な事象を中立の立場で観察して述べているというような性格のものではない。それは、誰かによって発言されることを不可欠の条件とするものであり、その確実性は、この発言という行為が行われることから来ているというのである。

このことは、コギト命題を否定する発言が矛盾を生じさせることを見れば明らかであるとヒンティッカは言う。すなわち、ある人が「私は（いま、ここに）存在していない」と発言した場合、この発言が矛盾していて理解不可能であることは一目瞭然であろう。ただ、この発言が不可解であるのは、発言された内容が理解不可能だからではない。「私は（いま、ここに）存在していない」という発言は、言われている内容について字義的な理解は成り立つものであり、この点では理解不可能ではないからである。この発言が矛盾を感じさせるのは、発言が行われている以上、発言をする人が存在することはすでにまったく明らかであるのに、発言の内容がそのことを否定していることに起因している。自分の存在を否定する発言内容と、自分の存在を誤りようのない仕方で示す発言行為とのあいだで、齟齬が生じているのである。もし目の前にいる人が「私はいまここにいない」と言ったら、誰でも訳が分からず当惑するであろう(4)。

コギト命題の確かさも、このような行為遂行の構造に依拠していることをヒンティッカは指摘しているわけである。コギト命題は、単純に、述べられている内容の正しさゆえに確かなのではない。「私はある」という発言内容が、発言するという行為によってそのまま不可疑なものとして示されるがために確かなのである。ヒンティッカのこのような議論は、コギト命題について考える上で、それまでになかった新しい見方を提供するものにほかならない。

ただ、この点を指摘するだけでは、考察としてまだ不十分であろう。ハムレットのような架空の人物がコギト命題を発言する場合と、現実のコギト命題が発言される場合とのあいだで何が違うのかが、以上の指摘だけでは十分に解明されないからである。ハムレットのような人物がコギト命題を発言する場合にも、同様の行為遂行の構造は成り立っている。ハムレットが架空の物語の中でコギト命題を発言して、考える自分が確かに存在することを主張するような場面が描かれることは、十分にありえることであろう。だがこの場合でも、行為遂行の構造に基づいてハムレットの存在が証明されるということになるはずはない。ハムレットが「私は考える」と発言しても、ハムレットが実在することにはならないことを示すためには、さらに別の理由を挙げなければならない。

コギト命題が確かな真理を表わすのは、「私は考える」という発言部分の内容が不可疑であるからにほかならない。(5)コギト命題の主語である「私」は、どの人をも指示しうる一人称を意味しているのではなく、考えるという行為を現実に行っている当の主体を指示している。コギト命題で言われる「私は考える」という言葉は、誰でもよい「私」に関してありえるような出来事を表しているのではない。それは、ハムレットが考えるということとは別のことを述べている。

コギト命題の発言者である「私」が、徹底した懐疑の果てに不可疑のこととして見出す「私は考える」という事象は、架空の物語の中で言われる「私は考える」という台詞の内容とは異なる。デカルトと同時代の哲学者ガッサンディは、デカルトを批判して、コギト命題のかわりに「私は歩く、ゆえに私はある」と言うこともできると言ったことがあるが、この批判はもちろん当たらない。「私は歩く」ということは夢か幻、錯覚かもしれず、それゆえ偽である可能性があるからである。真実であることが疑われうる行為に関しては、その行為を行う主体の存在も疑われるため、行為主体の存在は確証されない。これに対して「私は考える」ということは、当の発言者にとって、どうあっても疑いえない事実であり、それゆえ発言者は、考えるという行為を行う主体である自分の存在を確認することになる。

もう少し考えてみよう。コギト命題が表わす真実は、本来、各人が自分に関してのみ知ることのできる、私秘的なものにほかならないのである。「私は考える」ということが誤りようのない事実であることは、各人が自分に関してしか直に確かめることができないからである。それは、別の人が見て知ることのできるようなものではない。まして観客がハムレットを見て、ハムレットが現実に考える存在であることを知ることなどできない。

コギト命題は、本来、不特定の人に関して述べ立てられるものではない。「私は考える、ゆえに私はある」という言葉をとって表されるとき、本来見出された内容がときに誤解されてしまうことになる。「私」という言葉はどの人を指示することもできてしまうため、コギト命題は、いつのまにかすべての人について言われうる普遍的命題のように考えられてしまうのである。だが、コギト命題は各人が自分に関してのみ言うことのできるものであり、自分以外の人についてコギト命題の内容を確かめることはできない。コギト命題がすべての人に関して言われうるように思えてしまうのは、「私」という語が介在することによって生じる錯覚にすぎない。

コギト命題が表わす真実は、言語を用いて述べられる以前に成り立っていることであり、言語によって示される以前に確かめられるものである。だが、それを取りあげ、それについて考え、それについて議論しようとすれば、言葉を用いる以外にない。デカルトはそれをフランス語とラテン語で表さなければならなかった（われわれの場合には日本語を用いなければならない）。そして、このように言語が関わってくることによって、本来各自的にのみ体験される事象は、外的なものを導き入れて、ある種の汚染を被ることになる。

コギト命題によって示される事実は、各自的で私秘的であり、それゆえ純粋なものである。またこの命題は、絶対的な確実性をもつがゆえに、哲学において最も重要視されるものである。だが、それについて考え、それに関する論議をしようとすれば、言語に依拠せざるをえず、それゆえ言語によって歪曲されるのを避けることができない。このことは、哲学に関する議論のあり様について考えようとするとき、ひいては人間の言語活動一般について考えるとき、非常に注目すべきことであると思われる。各人が内省的にのみ確かめることのできるコギト命題の内容を、言語によって表し、言語を通して伝えようとすると、先にも見られたように、コギト命題は行為遂行的な性格を帯びることになる。各人が内的に捉えるかぎりは、コギト命題の内容は外に向かう行為とは無関係のものであるが、言語を用いて発言されるときには、コギト命題には外に向かう行為が不可避的に伴う。言語によって発信されるとき、コギト命題には不純なものが導き入れられるのである。

またヒンティッカは、このことの延長線上において、さらに別の不純な事象が混入してくることを指摘する。それは、コギト命題が発言されるときには、それを受けとる人が必ず存在するということである。ほかのあらゆる発言と同様に、コギト命題も、発言の受け手がまったくいなければ、そもそも発言されることはないということである。

「私は実在しない」と言うことが自己破壊的であるのと同じように、「あなたは実在しない」と言うことは、通常は不条理である。もしも後者の文が真だとしても、その文は、事実それ自体によって（ipso facto）空虚である。というのは、その文が問いかけられていると思える人は誰もいないからである。(6)

誰かが何かを発言するのは、やはり受け手が存在するからである。そのとき、目の前にいる聞き手に向かって「あなたは存在していない」と言うことは考えられるであろうか。考えられないであろう。「私は（いま、ここに）存在していない」という発言とまったく同じではないが、これが示す矛盾にかなり似たものを、「あなたは存在していない」という発言は表している。聞き手に向かって「あなたは存在していない」と言うこともまた、行為遂行的な矛盾を犯しているのである。ということは、「私は考える、ゆえに私はある」と言うことは、何とも意外なことに、暗に「（この発言を受け取っている）あなたも存在する」と言うことでもあるのである。

このように見てくると、非常に意外なことに、コギト命題は実のところかなり多くのことを前提していることが分かる。コギト命題は実のところ言語の存在を前提している。そして、言語を前提するということは、言語の発し手と受け手の存在を前提するということでもある。それは結局、すでに言語を用いてコミュニケーションを行っている人間の共同体の存在を前提することになる。コギト命題が人間の言語共同体を前提しているという、大変に意外なことが、ヒンティッカの指摘によって明らかになったことになる。

本書を著している私は、本書を読むであろう匿名の読者のことを意識している。もしも誰も読む人がいないことが分かっていれば、私は本書を著そうとは思わない。もちろん誰が読むのかを予想し尽くすことはできない。把握しようのない多数の読者の存在を、私は前提している。そして、『方法序説』を注意して読み返すと、デカルトも同様のことを意識していたことが、はっきり分かる。とりわけ同書の第六部の内容を見るとき、この自著が読者によってどのように受けとめられるか、また自分の自然探究上の成果がどのように受け容れられるかを、デカルトが強く意識していたことは明らかである。無前提性を追求したデカルトも、実際のところは人間の言語共同体の存在を前提していたのである。

コギト命題が告げる真実を検討し直した結果、われわれは言語の先行存在という意外な事象に行き着いたことになる。われわれは紛れもない《事実性》をあらためて発見したと言うことができる。人間はともかくはじめから言語を用いるものとして存在するということ、それゆえ、一見言語と関わりをもたないような事柄にも、実は言語が不可分に伴っているということが、コギト命題の検討を通して逆説的に明らかになったのである。次節では、このような《事実性》を引き受け、それに基づこうとする哲学の試みについて見ることにしたい。検討されるのは、アーペルとハーバーマスが企図した哲学である。

第二節　アーペルの語用論哲学

人間は本性上、言語を用い言語とともにある存在であるという見方は、多くの人の同意を得られるものだと思われる。自分の日常生活のあり様を振り返れば、言葉を話さない日、言語を用いない日は皆無であることに、誰もが気づくであろう。用事を足すために人に向かって話しかけたり、知人と他愛もない会話を交わしたりするというだけではない。仕事上の重要な判断を下したり、何かの計画や予定を立てたりするような場合にも、いつの間にか内声を発していることに、ほとんどの人が気づくであろう。このように、人間の生活の隅々にまで言語が浸透しているように見えるのを見るとき、人間による言語使用を、われわれが《事実性》と呼んできたことの中に数え入れることができるはずである。

そして、前節において見られた、ヒンティッカによるコギト命題解釈の内容を知るとき、この言語の《事実性》の及ぼす力が、日ごろ実感されるよりもはるかに強くわれわれを捕縛していることに気づかされるであろう。コギト命題によって表される事象は、最も純粋な仕方で経験されるものであるが、それを提示したり、それについて何かを述べたりしようとすれば、言語の存在と、言語を用いる人間の共同体の存在を前提せずにいることはできない。純心に無前提性を追求する哲学ですら、言語の《事実性》から逃れることはできないのである。そして、コギト命題に当てはまることは、ほかの学問的認識にはさらによく当てはまるはずである。言うまでもなく、いかなる学問的探究も言語を用いて行われるからである。

諸々の学問の営みは、通常、新たな内容の発見と、その内容の伝達・交換によって成り立っていると考えられているであろう。そして、無数の情報の根底には、知覚や観察によって直接確かめられた諸命題があると思われているのではないか。そして、それらが堅固な基礎となって、無数の命題からなる知識の構造体を支えていると考えられているのではないか。だが見られてきたように、コギト命題を発言することでさえ、単に内容を伝達するだけのものではなく、行為を遂行することにほかならない。コギト命題は、デカルトが考えたような純粋な基礎命題として存在するようなものではないし、あらゆる真理がそこから湧出するような源泉でもないのである。

このことは、ほかの学問的認識に関しては、さらに強調されなければならないことである。学問的探究の中で行われる発言は、一見、中立の立場に立って、純粋な観察記述文を提示しているかのように見えかねない。だが、すでに見てきたように、言語を用いて述べられるというだけで、すでにそのような純粋な内容伝達は成り立ちえない。学問探究上の発言もまた行為遂行であり、何かを行おうとすることにほかならないからである。

では、それは何を行おうとするのであろうか。一言で言えば、説得しようとするのだと言ってよい。学問的探究の中で行われる発言は、誰にとっても自明であるような単純な事柄を述べるようなものではありえない。それほど自明な事柄であれば、そもそもはじめから発言される必要はないであろう。学問的探究の中で行われる発言は、発言された内容が真であることを、ほかの探究者たちによって認められることを求めている。それゆえそれは、討論の中で提示されて批判的検討を受け、それを乗り越えて妥当性を得ようとする。このことは、討論や論議が繰り返された後に専門家集団の合意を得ることによって可能となる。学問上の発言をするということは、こうした討論や論議という行為を行うことにほかならない。それは、純粋な「観察命題」ないしは「基礎命題」と呼ばれるようなものを、ありのままに示すようなことではないのである。

またそもそも、このような「観察命題」ないしは「基礎命題」のようなものが、本当にそのまま入手されることはありえるだろうか。二〇一四年に世間を大きく騒がせたように、STAP細胞が本当に観察されたのか否かも、単純に判定されるものではなかった。「観察命題」ないしは「基礎命題」の内容が、そのまま見てとられるといったことは実はない。むしろ、ある命題を「観察命題」ないしは「基礎命題」と見なしてよいか否かも、論議を通してはじめて決定されるのである。

さて、まさにこのような学問観に立ち、言語使用の構造に基づいて諸学問の構築のあり様について論じた哲学者がいる。カール＝オットー・アーペル（Karl-Otto Apel 一九二二年―二〇一七年）というドイツの哲学者である。デュッセルドルフに生まれ、ボン大学、マインツ大学で学び、キール大学、ザールブリュッケン大学で教えた後、フランクフルト大学の哲学講座の教授を務めている。アメリカの哲学者であるパースのプラグマティズムを研究し、その成果で最初の名声を得ている。

パースの考えを引き継いでいるアーペルは、学問上の真理は、「観察命題」ないしは「基礎命題」の内容を明確に見てとるような認識の働きによって得られるのではなく、分野を同じくする研究者たちの共同体において、論議が行われることを通して到達されると述べている。論議を通して合意が形成されるということである。

私の考えでは……次のような帰結が導き出される。すなわち、認識の相互主観的な明証性に関する問いの答えは、意識に対する個々の認識の明証性に頼ることによっては……与えられない。この問題の答えは、科学者からなる「解釈共同体」における論証的な論議に基づいて到達されるべき合意（consensus）を要請することによって

のみ、得られるのである。(7)

このような論議のあり様について述べるとき、アーペルは、「言語ゲーム（Sprachspiel, language-game）」という概念を援用する。これは、人間の言語使用のあり様を示すために、後期のウィトゲンシュタインが用いた言葉として知られている。これについては、本書の第六章であらためて詳述するが、ここで必要な限りで、幾分か述べておこう。「言語ゲーム」とは、人間の言語活動の全般を指すものとして、ウィトゲンシュタインが用いた言葉である。そしてそれは、われわれの言葉で言えば、言語に関する《事実性》を表すものにほかならない。すなわちそれは、人間がさてもとりあえず言語を発することを意味する概念である。

言語の《事実的》なあり方に注目するとき、われわれは、人間の言語使用が驚くほど多様であることに気づくであろう。人間は特に理由もなく、とにかく何かを話すということであれば、当然そのあり様は非常に様々である。思わず叫び声をあげることもあれば、いつの間にかメロディーを口ずさんでいることもあろう。また、事実を淡々と報告することもあれば、切羽つまって依頼や抗議をすることもある。そして、これらの言語使用の中でどれが根本的で中心的であるかといったことを決定することなどできない。

人間の生に言語が浸透しきっているという現実に直面すれば、人間の言語活動を理論的・統一的に解明したいと思う欲求も生じるであろう。だが、言語の《事実性》に虚心坦懐に向き合い、それをそのまま引き受けようとすれば、人間の言語を探究し尽くし、あらゆる言語現象に理論的な説明を与えようとする試みは、放棄されざるをえないことに気づくはずである。人間の言語活動はあまりにも多様であるため、それらに截然とした説明を与えきろうとしても、とてもできないということが分かるからである。それに、人間が現実に言語を使用するとき、このような理論的な説明などはどうでもよいものであろう。人間はその時々の状況において、ときに理由もないまま、さてもとりあえず言葉を発するからである。

ウィトゲンシュタインが「言語ゲーム」という言葉を選んだのは、一つには、人間の言語活動を理論的・統一的に説明しようとする道を棄て、球技や盤ゲームが行われるのに類似した仕方で言語活動が行われることを示そうとしたからである。ボールをすぐ近くに見かければ、多くの人は、特に理由もなくそれを投げたり蹴ったりしたくなるのではないか。この行為が発展したものが、野球やサッカーのような球技である。そしてこれらの球技では、複数の人の間でボールの交換が延々と続けられることになる。これと似たようにして、人間はこれといった理由もなく、とにかく言葉を発する。そして、いつの間にか複数の人の間で延々と言葉を取り交わしている。このように、人間の言語活動と球技との間には類似性がある。詳しくは本書の第六章で述べるが、後期のウィトゲンシュタインの哲学は、このような《類似性》に着目したことを大きな特徴としている。

そして、学問的な探究も言語を用いて行われる以上、日常生活において行われる人間の言語活動と地続きのものである。それゆえ学問的探究も、それに固有の「言語ゲーム」を実施する。そこにおいても、さてもとりあえず論議が行われる。学問的探究において、中立の見方をとって、ありのままの事象がそのまま見てとられるかに思えるのは錯覚にすぎない。そもそも事象が確定されるために、すでに多くの論議が行われなければならないからである。ありのままであるように見える事象も、実は、論議を経て「合意」を取りつけたものにほかならないのである。

ただ、このように行われる学問の営みは、ときに不確かなものを感じさせるために、デカルトの哲学のように、学問のあり方や成り立ちを一から検証し直そうとするような試みも生じることになる。現実に行われている学問がもつ曖昧さや不確かさを払拭して、絶対的な確かさを追求する営みが行われることになるのである。このように、通常の学問のあり様についてさらに検討を行うという営みは、もちろん「哲学」が任務とするところにほかならない。それゆえ「哲学」は、それ以外の学問とは異なり、一段階上の水準に属する特殊な役割を負うことになる。

もっとも哲学の営みも、言語を用いた論議として実施される点では、ほかの学問と変わらない。それゆえ、哲学もまた一つの言語ゲームを実施する。この言語ゲームをアーペルは「哲学的言語ゲーム」ないしは「超越論的言語ゲーム」と呼ぶ。「超越論的」という形容詞が付されるのは、この言語ゲームが、それ以外の学問と同じ水準にではなく、これらの学問から距離をとってそれらを反省する探究の水準に属するからである。それは、通常の学問を越え出た水準において実施されるのである。

デカルトが行ったのも、このような「哲学的言語ゲーム」ないしは「超越論的言語ゲーム」にほかならない。諸学問のあり様を検討して不確かさを払拭し、諸学問を基礎づけようとする営みを、デカルトは、『方法序説』その他の書物を上梓するという仕方で実施した。いかなるものも前提しないことを試みる探究も、実際のところはやはり言語を前提し、言語を用いる活動として実施される。

そして、この探究の果てにコギト命題が取り出されるわけであるが、ヒンティッカが明らかにしたように、コギト命題を主張することは、むしろ言語的行為遂行に関わる事象をいくつも前提するものにほかならない。コギト命題を発言することは、はじめから言語的な行為遂行として行われる以外にないため、発し手と受け手の存在をはじめから前提するのを避けることができない。そして、発し手と受け手の存在が前提されるとなれば、言語共同体を構成する無数の人間の存在が自ずと前提されることになる。またさらに、無数の人間が共存する場として、世界の存在も同時に前提されることになる。無前提性の追求を徹底すると、むしろこのように多くの前提が明るみに出されるという逆説的な帰結に至り着くことになる。

アーペルの主張も、ヒンティッカのこのような議論を踏まえたものにほかならない(8)。もっともアーペルにとっては、このような逆説が不都合になることはまったくない。哲学的言語ゲームにおいても前提されざるをえないものが明らかになったことによって、むしろ諸学問の基礎づけの土台となるものが判明したとアーペルは考える。明るみに出た前提をアーペルは「不動の根拠（fundamentum inconcussum）」と呼んで称揚する。

要約すれば、「不動の根拠」として、自我意識ばかりでなく、それに加えて或る言語ゲームを前提することによって、哲学的な基礎づけに関するデカルト的伝統を批判的に再構成し、変容させるべきなのである。――この言語ゲームのうちでは、私は私を現実に存在するものとして思惟する、という現実的明証性が、言語ゲームの範型的明証性として前提されるばかりでなく、また実在的な生活世界の現実存在やコミュニケーション共同体の現実存在が、同じく前提されている。(9)

このような前提に基づいて行われる学問の基礎づけは、デカルト的なものとはもちろん異なるものである。この基礎づけは、根本的な「基礎命題」ないしは「観察命題」からそれ以外の命題を演繹的に導き出すといった形態はとらない。すでに見られてきたように、この基礎づけは言語的な行為遂行によって行われる。探究者のコミュニケーション共同体の中で論議されて合意に達した事柄が、学問的な真理として確定される。

ただ、このような基本的構制を指摘するだけでは、学問の基礎づけの具体的実相については、まだ考えたことにならない。様々な学問分野において、討議等の活動が実際のところどのように行われているのか、また行われるべきであるのか、といったことは、これまで見られたところからはまだ明らかではない。もちろん、それぞれの分野において、固有のコミュニケーション共同体の中で、固有の言語ゲームを営みながら論議が行われることは言うまでもない。だが、こうした次第をあらゆる学問分野に関して検討しようとすれば、際限のない作業になってしまって収拾はつかないであろう。われわれとしては、次節以下で、倫理学という分野に限定して、言語的行為遂行による基礎づけがいかにして行われうるかを検討してみることにしたい。

第三節　アーペルの倫理学

われわれが倫理学の基礎づけに注目するのは、それが哲学に最も近接する学問分野であるという理由もあるが、単にそれだけではない。倫理・道徳に関する主張や判断は、ほかの分野に比べて、人々の合意が得られることを根拠にして認められることが多いということも、理由の一つである。現実に通用している倫理的判断や道徳的規範は、その多くが「誰が考えてもそうするのが正しいと思うだろう」といったことを実際の根拠にしていると言える。

かつてソクラテスとプラトンは純粋な道徳的善さや正しさを追求し、カントはいついかなる場合にも妥当する道徳法則を明らかにしようとした。このように哲学には、倫理・道徳を根本的・原理的に基礎づけようとして、「ほとんどの人（多くの人）がそう考える」といった基準を嫌悪する傾向がある。だが他方で、このような基準のほうが実生活では効力を発揮していることは、哲学者にも分かるはずである。だからこそアリストテレスは、ソクラテスやプラトンに反対して、次のように言ったのである。

ものみなの目ざすものが善であるとはかぎらないと言って異議を唱えるひとびとは、おそらく、何の意味もないことを言っている。というのは、すべてのものにそう思われることは、実際にもそのとおりであるとわれわれは主張するからである。この確信を葬り去ろうとするひとの言うことはあまり信頼が置けない。(10)

このように「すべての人が善いと考えることが善いのだ」とするアリストテレスの考えに、アーペルの立場はよく重なりえるものにほかならない。いかなる知識や認識もコミュニケーション共同体の存在とそこでの合意を前提しているとするアーペルの考えは、倫理・道徳に関する議論に直結しやすい。実際にアーペルは、人間の行う言語ゲームがコミュニケーション共同体の存在を否応なく前提することを指摘した後、ほとんど間を置かずに倫理的規範について述べようとしている。

また、「ほとんどの人（多くの人）がそう考える」という基準が、われわれが注視してきた《事実性》という事象ともよく重なるものであることは、ぜひ注目されなければならないことである。今日、「性差別や人種差別は許されない」とか「幼児虐待はあってはならないことだ」等のような道徳的規範が、かつてに比べて強く主張されるようになっているが、こうした道徳的規範を、理論的な説明に基づいて受け容れようとする人はどれほどいるであろうか。大多数の人は、説明されるより以前に、これらの命題を「当然のことだ」「誰でもそう思うはずだ」のように考えて受け容れるのが現実ではないだろうか。道徳的規範はこのように、所与の《事実》として通用していると言える。

こうした《事実性》を認めるような姿勢において構想される倫理学とはどのようなものであるかを見るために、アーペルが倫理・道徳について述べていることを検討しなければならない。また、今日われわれを悩ませるものとして、「原子力発電は廃止されるべきか否か」とか「死刑制度は維持されるべきか否か」のような、悩ましい問題が多々存在している。即答することが難しいこうした問題について、コミュニケーション共同体における論議を通して合意に達することができるのか否かといったことも、同時に検討されなければならない。

ともあれ、アーペルが倫理的規範について述べているところを見てみなければならない。アーペルは倫理的規範として、「理想的なコミュニケーション」を行うための規則を重点的に取りあげている。[11] 人間のいかなる活動もコミュニケーションの実施を潜在的に前提しているのであれば、それは結局「理想的なコミュニケーション」を前提していることになるとアーペルは言う。きちんとした論議を行おうと本気で考えるならば、その理想的な形態をすでに自ずと想定することになるというのである。論議を行う以上、少数の限られた人だけが発言するとか、話し合いの時間があまりにも短いといったことがあれば、それは何やら歪んだものに感じられるはずである。コミュニケーションを行おうとするとき、われわれは、それが理想的に実施されるときの状況を何らか想定しているのである。アーペルの言う倫理的規範とは、このような理想的コミュニケーションを生じさせる条件を指している。

だが、アーペルのこのような議論は、われわれを失望させるものである。倫理的規範について述べようとするとき、アーペルはもっぱら理想的コミュニケーションが成立するための条件を挙げようとするが、われわれが問題にしたいのはこうしたことではないからである。われわれが知りたいのは、「性差別や人種差別はあってはならないことだ」のような具体的な規範が、コミュニケーション共同体の中で合意されて《事実》のように通用しているのはいかにしてか、といったことである。われわれが確かめたいのは、アーペルの探究において、具体的にどのような道徳的規範が妥当なものと見なされるかということである。ところが、アーペルの論述からは、彼がこうしたことになかなか触れたがらない様子が伺える。もっとも、アーペルには「コミュニケーション共同体のアプリオリと倫理の基礎」（一九六七年）[12]という論文がある。主としてこの論文の内容に照らして、われわれの関心にアーペルがどのように答えているかを見てみることにしよう。

ところが、すでにはじめに言うことにすれば、われわれの期待はまったく裏切られる。アーペルの主張は、「コミュニケーション共同体の道徳的諸規範」が「論証のアプリオリとともに前提されている」[13]といった類の言説を繰返すものとなっており、具体的にどのような内容の規範が妥当であるかを示してはいないからである。言及されているのは、「コミュニケーション共同体としての人類の生存を確保する」[14]とか「論証共同体においては、すべての成員は同等の権利をもった討議参加者として相互承認することが前提されている」[15]といった類のことで、「幼児を虐待してはならない」のような、われわれが実生活の中で意識している道徳的規範とは異なるものである。

また同論文でアーペルは、「実在的コミュニケーション共同体の内で理想的コミュニケーションを実現する」[16]という課題を挙げている。だが、このことは本来不可能なはずである。というのは、先にも触れたように、「理想的コミュニケーション」とは、実際のコミュニケーション（「実在的コミュニケーション」）が行われるとき、その理想的範型として理念的に想定されるもの、仮想の目標物として仮設されるものであり、それが実際に実現することはありえないからである。それゆえ「実在的コミュニケーション共同体の内で理想的コミュニケーションを実現する」といったことは、意味をなさないこと、矛盾したことを言うものにほかならない。アーペルは「われわれは矛盾の歴史的解決を道徳的に要請しなければならない」[17]と言っているが、これは何とも無理筋のことを主張する強弁にしか聞こえない。「理想的コミュニケーション」はあくまで実現しえない理想的理念であり、歴史においても無限遠点に位置するもののはずだからである。

倫理・道徳に関してアーペルは、コミュニケーションが理想的に遂行されさえすれば、あらゆる道徳的問題に対して解答が与えられると考えているようである。「地球温暖化の問題にどう対処するべきか」、「遺伝子組み換え作物を栽培して食してよいか否か」等々、今日の人類は無数の倫理的問題を抱えているが、アーペルはこうした具体的事例にはまったく言及せず、コミュニケーションが理想的に行われるために必要なことのみを強調する。倫理・道徳に関するアーペルの言説は、問題を（おそらくは意図的に）すり替えたものとなっていて、倫理・道徳上の具体的問題について考えるための指針を与えない。理想的コミュニケーションを成立させるための規則をいくら挙げても、倫理・道徳上の具体的な問題に答えるための道筋はつかないであろう。

さて、われわれと同じような疑問を抱いた哲学者がアーペルの身近にいて、この点に関する修正案を提示したことがある。J・ハーバーマスという非常に著名な哲学者である。次節でわれわれはハーバーマスの考えを検討しなければならない。

第四節　ハーバーマスの「理想的発話状況」

ユルゲン・ハーバーマス（Jürgen Habermas 一九二九年―）は、デュッセルドルフに生まれ、戦後ボンで哲学を学んだ。学位取得後、フランクフルト社会研究所で助手を務め、アドルノとマルクーゼから大きな影響を受けている。一九六一年よりハイデルベルク大学教授、一九六四年よりフランクフルト大学教授の職にあって、一九九四年に退職している。ハーバーマスの業績は哲学に関するものだけでなく、社会理論や政治理論等の分野にも及んでおり、あまりにも巨大であるため、それらについてここで述べるのは断念せざるをえない。本書で見る、コミュニケーションに関するハーバーマスの考えや、ディスクルス倫理学の構想といったことは、一九七〇年代に、フランクフルト大学の同僚であったアーペルから影響を受けて形成されたものである。この方面においてハーバーマスが提起した概念としては、

「理想的発話状況（ideale Sprechsituation）」というものが特によく知られている。

ともあれ、ハーバーマスがアーペルの考えを批判している次第を確かめてみよう。

論議の語用論上の諸前提において見出される規範的内容が行為を規制する力をも持つとしうるには、独自の基礎づけが必要である。

そのような場の転移は、……アーペルが試みているような、論議の前提から直接に倫理的根本規範を導き出そうとする仕方では、証示しえないものだ。法や道徳の根本規範は、そもそも……基礎づけられる内容として考察されねばならない。歴史的事情は変化するのであって、道徳的―実践的な根本概念については、それぞれの時期がそれぞれに固有の光を投げかける。(18)

ここでハーバーマスが言っていることは、われわれが指摘したのとまったく重なるものにほかならない。コミュニケーションを理想的に行うためにどのような語用論的規則を満たさなければならないかを明らかにしても、倫理・道徳の基礎づけを行ったことにはならない。倫理・道徳について本気で考えようとすれば、「地球温暖化を抑止しなければならない」、「性差別、人種差別をはじめとして、いかなる差別も許されない」といった具体的な内容をもった規範が検討されなければならない。右に言われているように、「法や道徳の根本規範は、……基礎づけられる内容として考察されねばならない」のである。そして、続けて述べられているように、基礎づけられる規範の具体的内容は時代とともに変化する。地球温暖化の問題は、一〇〇年前には生じようのないものであった。このような具体的内容からなる規範は、理想的なコミュニケーションが必要とする語用論的規則とはまったく別のものにほかならない。ハーバーマスの主張は、アーペルの構想に対して具体性を補完しようとする姿勢から来ていると言うことができる。

ではハーバーマスは、アーペルとは違ってどのように倫理・道徳の基礎づけを行おうとしているのかを、次に検討しなければならない。ここではまず、「理想的発話状況」というよく知られた概念について見ることにしたい。倫理・道徳の基礎づけという課題にハーバーマスが取り組むときに、最も重要な概念であるからである。「理想的発話状況」という概念については、誤解されることがこれまで非常に多かったことを、まず指摘しなければならない。この概念を提示したためにハーバーマスは、調和的な話し合いを行って、時事的な倫理的問題や社会問題に一致した解決を与えなければならないことを主張しているかに見られてきた。理想的な話し合いと合意という実現不可能なユートピアを追求しているかのように誤解されてきたのである。ハーバーマスが回想しているところによれば、かつてW・シュルツという哲学者は、「理想的発話状況」の概念にはじめて接したとき、「驚くべき非現実性(erschreckende Irrealität)」と評したという(19)。

まず確かめられなければならないのは、このような受けとめ方がまったくの誤解にすぎないということである。ハーバーマスは「理想的発話状況」をむしろ「反事実的に想定される」ものと見なしており、したがって実現不可能なものと考えているからである。アーペルにおいて見られたのと同様に、それは、コミュニケーションが行われると き暗黙裡に前提される、コミュニケーションの理想的モデルを指している。

学問上のいかなる知識や認識も、コミュニケーションを通過して合意に到達したときに得られること、そして、コミュニケーションが行われる以上、その理想的範型もまた暗黙裡に想定されているということは、われわれがアーペルに即して見てきたことであった。ハーバーマスの言う「理想的発話状況」は、アーペルの言う「理想的コミュニケーション」(「理想的言語ゲーム」)とほぼ同義のものを意味している。比較のために、次に両者の言うところを引用しておこう。

人間の生活形式を理解するための可能性と妥当性の条件として、反事実的ではあるけれど、前提されるのは、私の考えでは、事実的な言語ゲームのうちにはまだ実現されていない理想的言語ゲームなのである。この理想的言語ゲームは、……すべての人間的行為のうちで、すくなくとも潜在的には先取りされている(presupposed)し、また……哲学的論拠のうちでは顕在的に先取りされている（アーペル[20]）。

真の合意が偽の合意から区別されるのは、理想的発話状況に準拠することによってのみ、つまり、理想的状況のもとで成立したかのように反事実的に想定される一致を引き合いに出すことによってのみである……。――このように仮定してみると、発話状況のこの理想化において肝心なのは、ある種の先取りであるはずである。それは、……まずもって行なわなければならない先取りであり、またそれは、……構成手段を用いるならば、われわれが実際に行なうこともできる先取りである（ハーバーマス[21]）。

両者の相似は明らかであり、ハーバーマスの言う「理想的発話状況」がアーペルの言う「理想的コミュニケーション（理想的言語ゲーム）」と同様の性格のものであることが分かる。右の引用箇所の中に見られるように、それは「反事実的（kontrafaktisch）」なものであり、現実に行われるコミュニケーションのあり方を意味するものではない（なお、ここでついでに確認することにすれば、右の引用箇所に見られるように、アーペルは実のところ、「理想的コミュニケーション」は「反事実的（counterfactual）」な性格のものであり、したがって実現不可能なものであると考えている。先に見たように、他方でアーペルが「理想的コミュニケーションを実現する」と述べていたのは、自分の考えを自分で誤解している現象である）。

「理想的発話状況」は、われわれが実際にコミュニケーションを行うときに、われわれが自ずと「先取り（Vorgriff）」（「予見（Antizipation）」とか「先行仮定（Präsupposition）」と呼ばれることもある）しているものにほかならない。われわれが現実にコミュニケーションを行うとき、一人だけが一方的に発言していたり、時間が短くて多くの人が発言したくてもできないということがあれば、歪んだコミュニケーションが行われたと考えるであろう。コミュニケーションを行おうとするとき、われわれは自ずと「コミュニケーションは本来しかじかのようなものでなければならないはずだ」のようにあらかじめ考えて、コミュニケーションの理想的形態を暗に想定しているのである。「われわれは……この理想的発話状況という想定を、事実上（faktisch）、つねにすでに行っていなければならない[22]」とハーバーマスは言う。

「理想的発話状況」は独特のあり方をするものにほかならない。それはたしかに実現されうるものではない。だが、われわれがそれを想定することを避けることができないという点で、それはある種の現実性をもっている。われわれはそれを「事実上（faktisch）つねにすでに先取りして」おり、それゆえそれは「先取りされた基礎として効力を与えている（wirksam）」とハーバーマスは言う。[23] また、それは「『究極のところで』作動している」とも言っている。[24]

では「理想的発話状況」は、具体的にどのような条件が満たされたときに成り立つのであろうか。すでにわれわれも言及してきたように、複数の人間が場を共にして論議を行う以上、限られた人ばかりが発言するようなことがあれば、それは著しく不自然であり、歪んだコミュニケーションが行われていることになろう。それゆえ「理想的発話状況」が成り立つために何より重要な条件は、すべての人が発言することができるということである。実際、「コミュニケーション能力の理論のための予備的考察」（一九七一年）や「真理論」（一九七二年）といった論文では、「理想的発話状況」の最も重要な条件として「発言の機会均等性」が挙げられている。「発話行為を選択し遂行するチャンスが均等に分配されていること」によって「理想的発話状況はコミュニケーションの体系的歪みを排除する」[25]とハーバーマスは言っている。

そしてもう一つ挙げられるのは、自分が本心で思うことを正直に発言してよいという条件である。本心で思うことを述べることが許されないようなコミュニケーションは、やはり不健全なものだと言えるであろう。ただその場合、思い浮かんだことを何でも発言してよいということにはならず、真剣に考えた上で本気で思うことのみ、発言することが許される。議論をするうちに対立が高まり、いつの間にか相手を言い負かすことが目的になってしまう場合があるであろう。またそのとき、本心では思っていないことを口にして、自分の主張を補強しようとするといったことも、実際のところありがちであろう。だがこのようなことが行われてしまうと、論議は誤った経過をたどり、誤った合意が形成されてしまうことにもなる。これもまたコミュニケーションの歪みにほかならない。「真理論」の中でハーバーマスは「自分自身に対して忠実であり、自分の内的本性を明らかにする」[26]という条件を挙げている。

このような考察を経てハーバーマスは、『道徳意識とコミュニケーション行為』（一九八三年）で、「理想的発話状況」の具体的項目を次のように列記している[27]。

1　言語―行為能力のある主体はすべて、ディスクルスに参加してよい。

2　a　誰もが、どんな主張をも問題化してよい。

　　b　誰もが、どんな主張をもディスクルスに持ち込んでよい。

　　c　誰もが、自分の立場や希望や欲求を表明してよい。

3　どの話し手も、ディスクルスの内外を支配している強制によっては、1と2で確定された自分の権利を行使するのを妨げられない。

1で「発言の機会均等性」が挙げられている。2と3では、「誰もが自分の本心を述べることを妨げられない」という条件が、細分化して示されている。

第五節　ディスクルス倫理学

前節では、アーペルとハーバーマスに関して、両者の間で共通する点ばかりを見ることになってしまったが、ここで本来の問題に戻ることにしたい。ハーバーマスがアーペルをどのように修正して、どのような倫理学を提示しようとしているのかを、次に見てみなければならない。

この点で鍵となる概念が、「理想的発話状況」の条件を列記した先の箇所の中に示されているので、それを手がかりにすることにしたい。それは、「ディスクルス（Diskurs）」（「討議」と訳されることもある）という言葉で呼ばれているものである。「ディスクルス」という言葉をハーバーマスは固有の意味で用いており、それはハーバーマスが構想する倫理学の重要な論点に関わっている。次にこの言葉が意味しているところを見ることにしたい。

ハーバーマスの言う「コミュニケーション」ないし「コミュニケーション行為」とは、差し当たって、常識的な意味での会話や論議のことだと考えて差し支えない。すなわちそれは、「電車内でのあいさつとか垣根ごしのおしゃべり」のように、「言語外の脈絡にはめこまれている[28]」通常の発話行為を意味する。そこでは、言語外の事物や事柄、情報がテーマとなる。それは単に「垣根ごしのおしゃべり」ではなく、「垣根についてのおしゃべり」であってもよいのである[29]。それに対して「ディスクルスにおいては、言語的発言だけが主題として許される[30]」とハーバーマスは言う。すなわち、「ディスクルス」もまた会話・論議であり、コミュニケーション行為ではあるが、そこでは言語的発言だけがテーマになるというわけである。つまり「ディスクルス」とは、通常のコミュニケーション行為の中で発せられた発言をテーマとし、その妥当性について検討する、コミュニケーションについてのコミュニケーションなのである。すなわち「ディスクルス」は、一階上のコミュニケーションであり、それゆえ「メタ・コミュニケーション」と呼ばれてよいもののことである。

> われわれはコミュニケーション……の二つの形式を区別することができる。一方はコミュニケーション行為（相互行為）であり、他方はディスクルスである。前者では情報（行為に関係した経験）をとりかわすために、意味連関の妥当性が素朴に前提されている。これに対し後者では、問題視された妥当性要求（Geltungsanspruch）が主題化されるが、情報はとりかわされない。コミュニケーション行為においては合意が成り立っていたが、この合意が問題視されるときには、われわれはディスクルスにおいて基礎づけることによって、これを回復しようと試みる。この意味で私は今後（ディスクルスによる）了解（Verständigung）と言うことにする。了解は、コミュニケーション行為において素朴に前提されていた妥当性要求が問題視されるときに発生する状況を、克服することを目

標とする。つまり了解は、ディスクルスによってもたらされ、基礎づけられた合意に至るのである。(31)

見られるようにハーバーマスは、通常のコミュニケーションにおいて成り立っていた同意が成り立たなくなったときに「ディスクルス」が始まると考えている。「広島では昨日たくさん雨が降ったね」のような発言に関しては、容易に合意が成り立つであろう。この発言内容の妥当性がとりたててテーマとされることはなく、コミュニケーションはさらに続けられることになる。それに対して、誰かが「死刑制度は何としても廃止されなければならない」と発言した場合には、必ずしもこうはいかないであろう。聞いた相手がこの発言に納得できない場合には、そこで論議が始まる。意見が険しく対立して、激論がとり交わされることもあるであろう。このような論議をハーバーマスは「ディスクルス」と呼ぶわけである。この場合には、広島の昨日の天気に関する公式情報や濡れた道路のような言語外の事象が論議のテーマとなるのではなく、「死刑制度を廃止しなければならない」という発言そのものがテーマとなる。このとき、ディスクルスを行う人たちの意識が、もっぱら言語外の事柄に向かうことはなく、この発言が妥当か否かに向かう。そして、論議を交わすことによって合意に至ることが企図される。通常のコミュニケーションが行われるときと違って、取り交わされる言語的発言そのものがテーマとなるため、「ディスクルス」は、コミュニケーションに関するコミュニケーション、すなわち「メタ・コミュニケーション」である。

このような概念構制によって、ハーバーマスは具体的な道徳命題の妥当性を検討するための枠組みを整えたと言うことができる。ハーバーマスの理論の枠組みにおいては、「脳死の人から臓器を摘出して移植医療に利用するべきだ」とか「男女共同参画を推進するべきだ」のような、具体的内容を備えた倫理的発言を検討することが可能になるからである。コミュニケーションの階層を二段に分けることによって、ハーバーマスは、このような具体的な内容をもった道徳的命題が登場する場を設定することに成功している。このような発言としては、時代や状況に応じてそのつど異なるものが登場するが、ハーバーマスのディスクルス倫理学の構制においては、このような時事的で具体的な問題についてそのつど考えることが可能なのである。この点で、ハーバーマスの構想はアーペルの構想を大きく修正することに成功していると言うことができる。先に見られたように、アーペルによる倫理学の構想は、もっぱら理想的コミュニケーションを可能にする諸規範があることを指摘するものであり、具体的な道徳的命題について検討を行うような概念構制を示すことができていない。もちろんわれわれは、アーペルが示したような議論にとどまっていてはならず、ハーバーマスの構想に即して、コミュニケーション共同体において具体的な道徳的判断が下される次第を確かめなければならない。

なお、例の「理想的発話状況」が、もっぱら「ディスクルス」に関わるものであることを、いま一度確認しておかなければならない。「理想的発話状況」の条件を列記した先の箇所（注27）にも示されていたように、ハーバーマスは「理想的発話状況」を、通常のコミュニケーションではなく「ディスクルス」が行われるときの理想状況であると考えていた。「理想的発話状況」は、通常のコミュニケーションではなく、一階上のメタ・コミュニケーションに関わるものにほかならない。何らかの発言が行われ、それについてメタ・レベルにおける検討が行われるとき、論議の条件が理想的に整っている状態として想定されるのが「理想的発話状況」なのである。そして、先の引用箇所（注31）に見られたように、この検討が行われるときには、発言の「妥当性要求（Geltungsanspruch）」が主題化されるとハーバーマスは考えている。これも重要な概念であるので、次に一瞥を加えておくことにしたい。

J・オースティンの言語行為論が明らかにしたように、人間が言語的発言を行うということは、単に物理音を発するだけのことではない。それは、つねに同時に、主張、質問、警告、約束、等々の「発語内行為（illocutionary act）」を行うことでもある。そして、こうした行為は、それに応じて何かが行われることを要求するものでもある。例えば約束という「発語内行為」を行うことは、それが守られることを聞き手に対して要求する行為にほかならない。このように、何かを行うように人間の発言が要求することを、ハーバーマスは「妥当性要求」と呼んでいるわけである。

このことは、事実を単純に記述しているようにしか見えない発言にも当てはまるとハーバーマスは言う。例えば、

「昨夜は眠れなかった」という発言は、一見、事実の単純な記述にしか見えないかもしれないが、実は単にそれにとどまるものではない。この発言は同時に「告白」という行為を行うものだからである。この発言には、自分が強い苦悩を抱えていること、そのために心身に不調をきたしそうになっていること等を人に知ってもらいたいという気持ちが表れている。自分の心身の状態を正直に吐露して、相手に受けとめてもらうことが要求されている。平たく言えば「分かってほしい」ということである。これも妥当性要求の一つにほかならない。なおハーバーマスは、このように気持ちを受けとめること、妥当性を承認することを「履行（Einlösung）」（「認証」とも訳される）と呼んでいる。

さてハーバーマスは、ディスクルスにおける発言の「妥当性要求」の履行は、道徳的な命題や判断がテーマとなるときに、最も必要になると述べている。例えば「死刑制度を廃止しなければならない」という発言は、この道徳的な判断が同意されて、社会制度的に通用することを要求するものにほかならない。ディスクルスにおいては、このような妥当性要求が論議を通して検討されねばならないわけである。

妥当性要求が行われるということは、例えば自然科学上の発言に関しても言えることである。「新しいタイプのmRNAワクチンは、新型コロナウイルス感染症の発症防止に役立つ」という発言は、一見、単純な事実の表明にすぎないように見えかねないが、単にそれだけのものではない。このような発言を行う人は、同時に、発言された内容が真理であることを認めてもらいたいと思っているからである。そしてもちろん、この主張が真であるか否かをめぐってディスクルスが行われることになる。ただ、このような命題をめぐるディスクルスは、観察された事実や実験の結果のように、言語的発言から独立して考察されるものに大きく依存するものとなる。[32] このようなディスクルスは、「ディスクルスの論理に依存しない認識論的・科学論的考察」を必要とするものであるため、ディスクルスとしては異形的なものである。

これに対して、道徳的な命題や判断の妥当性が検討される場合には、より純粋なディスクルスが要請される。これらの検討に際しては、それに関連する事実を観察するといったことは、副次的な重要性しかもたない。死刑制度の是非について考えるとき、制度を廃止すれば犯罪率が上がるか否かといったことも確かに関わってくるが、中心的な問題ではない。死刑制度の是非について検討しようとするとき、何と言っても重要なのは、人に死を与えることが許されるか否か、普段は最も禁じられている行為を行ってもよい場合があるのか否かといった、道徳的価値に関する問題である。このような道徳的価値に関わる判断を下そうとする場合には、言語のやりとりからなるディスクルスが、他の場合に比べて格段に必要になる。「ディスクルス」は、何と言っても、倫理・道徳の問題に関わるものにほかならないのである。「道徳的判断の妥当性の条件をめぐる問いは、直接に（unmittelbar）実践的ディスクルスの論理へと結びついてゆく(33)」とハーバーマスは言う。

第六節　倫理・道徳に関する《事実性》

本書の探究課題である《事実性》の問題に立ち帰りたい。本章でわれわれは、言語に関する《事実性》について見たのに続いて、倫理・道徳の《事実性》に関わる事象を検討した。われわれは、ハーバーマスによる「ディスクルス倫理学」の構想について見てきたが、この構想の内容は、倫理・道徳に関する《事実性》という事象によく適合するものである。そのことを次に確かめることにしたい。

先にも触れたように、倫理・道徳は、われわれの言う《事実性》という事象がよく当てはまる領域にほかならない。われわれが日ごろ正しいものとして受けとめ、現実に実行している道徳的規範を、われわれは実際のところ、理論的な説明に基づいて受け容れているわけではないであろう。われわれは常識的な規範を、なかば無意識的に「それはそういうものだ」とか「誰が考えてもそうするのが正しいだろう」のように考えて受け容れていると言える。まったく自明に見える道徳の規範の妥当性をあらためて説明するのはしばしば困難であり、われわれはそれらを、説明される以前に成り立つ《事実》と見なしている。かつて世間で話題になったように、「どうして人を殺してはいけないのか」

をあらためてきちんと説明しようとすると、われわれはむしろ言葉に窮する。「人を殺してはならない」という命題の正しさを、われわれは、説明を要しない《事実》として受けとめているからである。

倫理・道徳に関するこのような《事実性》は、ハーバーマスが明らかにしたような構造によって成り立っていると言うことができる。「それはそういうものだ」とか「誰が考えてもそうするのが正しいだろう」といった判断を下すとき、われわれは、「理想的発話状況」下のディスクルスにおいて審議されれば、まず間違いなく合意が得られるように思っていると考えられるからである。すなわち、こうした判断の根底には、「地球上の全人類の成員が全員協議に参加すれば、一致してこのような結論に達するにちがいない」という潜在的判断が横たわっていると言うことができるのである。

もちろん、すでに述べたように、「理想的発話状況」は実際に実現するものではありえない。地球上の全人類の成員が一つの協議に参加し、発言のチャンスを等しく得るなどといったことがあるわけはない。だが、それにもかかわらず、何らか協議を行う以上、われわれはその理想的範型をいつの間にか想定している。「理想的発話状況」は、そのものとして現実のものになることはありえないが、それにもかかわらず、意識されないでいることもありえない。それは、われわれの意識の根底のところで作動しているのである。

「理想的発話状況」下のディスクルスで協議されれば、一致した非難声明が採択されるだろうという確信があるとき、今日、問題発言や問題行為に対する批判が、メディアを介して激越なものにエスカレートする。「誰が考えてもよくないことだ」という意識が働くと、今日、非常に多くの人が迷うことなく非難の声をあげ、それがさらにＳＮＳ等を通じて拡散するため、非難の嵐は巨大化してとどまらなくなる。日本の元総理大臣が女性を蔑視するような発言をしたとき、それを非難する世論はどこまでも強まって収拾がつかなくなった。二〇二一年、コロナ禍の最中に音楽フェスティバルが開かれて、多くの人々がマスクをつけずに声を出し続け、さらにはアルコールも飲まれていたといったことがあると、人々の怒りは収まり難く、非難の声は長く続くことになった。「誰が見てもよくないことだ」

のように考えるとき、人々は道徳的判断を《事実的》なものとして受けとめている。今日見られるようになったこのような騒動は、倫理・道徳が《事実的》に通用することから生じるものにほかならない。

ハーバーマスの議論は、倫理・道徳がこのように《事実性》として存在することを可能にする、コミュニケーションの潜在的構制を明らかにしたものだと見られてよい。《事実性》を重視する倫理学の構想を、われわれは肯定的に評価したいと考えるものである。ソクラテスやプラトン、カントといった哲学者たちに関して見られるように、哲学はときに、倫理・道徳を純粋理論的に解明しようとする姿勢を示す。ソクラテスとプラトンは、純粋な道徳的善さ（「善そのもの」あるいは「善のイデア」と呼ばれる）を追求し、カントは、いついかなるときにも妥当する道徳法則を明らかにしようとした。だがこのような姿勢には、行為が実際に行われる現場から離れ、現実には成り立たない空論に陥ってしまう危険が伴う。「いついかなる場合にも嘘を言ってはならない」とカントが強弁したことはよく知られている。カントの倫理学は、その原理主義的な性格のゆえに、このように現実には履行不可能な規則を主張せざるをえなくなっている。それは《事実性》を見失ってしまっているのである。

われわれは、倫理・道徳に関するこのような原理主義的な主張に反対し、倫理・道徳は《事実》として通用していると考える。そして倫理・道徳に関する《事実性》は、見られてきたように、言語に関する《事実性》と強く連動している。それゆえ、人間にとって倫理・道徳は、言語と同様に《事実》として存在している。われわれは、日ごろ特に理由もなくとにかく言語を話すのと同じように、自明に見える道徳規範にほぼ自動的に従って生きているのである。本章で確かめられた《事実性》も、人間の生を構成する重要な契機であることは言うまでもない。

注

（1） Hintikka, J., "Cogito, Ergo Sum: Inference or Performance?", in: *The Philosophical Review*, Vol. 72, No. 1, 1962. 小沢明也訳「コギト・エルゴ・スムは推論か行為遂行か」、デカルト研究会編『現代デカルト論集Ⅱ　英米篇』（勁草書房、一九九六年）、所収。

(2) *Ibid.*, p. 8. 邦訳、一八頁。
(3) *Ibid.*, p. 12. 邦訳、二三頁。
(4) *Ibid.* 同右。
(5) 以下の四つの段落の内容については、*ibid.*, p. 17ff. 邦訳、二八頁以下、を参照。
(6) *Ibid.*, p. 19. 邦訳、三〇頁。
(7) Apel, K.-O., "The Problem of Philosophical Fundamental-Grounding in Light of a Transcendental Pragmatic of Language", in: *Man and World*, Vol. 8, Nr. 3, 1975, p. 257. 宗像恵・伊藤邦武訳「知識の根本的基礎づけ――超越論的遂行論と批判的合理主義――」、ガーダマー、アーペルほか著・竹市明弘編『哲学の変貌――現代ドイツ哲学――』（岩波現代選書、一九八四年）、二一三頁。
(8) *Ibid.*, p. 265f. 邦訳、二三八頁以下。
(9) *Ibid.*, p. 267. 邦訳、二四三頁。
(10) アリストテレス『ニコマコス倫理学』（加藤信朗訳、山本光雄編『アリストテレス全集13』（岩波書店、一九七三年））、一一七二b―一一七三a。
(11) Apel, *op. cit.*, p. 267f. 邦訳、二四四頁以下。
(12) Apel, „Das Apriori der Kommunikationsgemeinschaft und die Grundlagen der Ethik", in: Apel, K.-O., *Transformation der Philosophie* Bd. 2 (Suhrkamp, 1973). 磯江景孜訳「コミュニケーション共同体のアプリオリと倫理の基礎」、磯江景孜ほか訳『哲学の変換』（二玄社、一九八六年）所収。
(13) *Ibid.*, S. 423. 邦訳、二九二頁。
(14) *Ibid.*, S. 431. 邦訳、三〇一頁。
(15) *Ibid.*, S. 400. 邦訳、二六八頁。
(16) *Ibid.*, S. 431. 邦訳、三〇一頁。
(17) *Ibid.* 邦訳、三〇〇頁。
(18) Habermas, J., *Moralbewußtsein und kommunikatives Handeln* (Suhrkamp, 1983), S. 96. 三島憲一ほか訳『道徳意識とコミュニ

ケーション行為』（岩波書店、一九九一年）、一三八頁以下。

（19）Habermas, J., „Wahrheitstheorien", in: *Vorstudien und Ergänzungen zur Theorie des kommunikativen Handelns*（Suhrkamp, 1984）, S. 180, Anm. 45.

（20）Apel, K.-O.,"Transcendental Conception of Language-Communication and the Idea of a First Philosophy", in: Parret, H.（ed.）*History of Linguistic Thought and Contemporary Linguistics*（Walter de Gruyter, 1976）, p. 57. 平石隆敏訳「言語コミュニケーションの超越論的構想と第一哲学の理念」、前掲『哲学の変換』所収、四二頁。

（21）Habermas, J., „Vorbereitende Bemerkungen zu einer Theorie der kommunikativen Kompetenz", in: Habermas, J., /Luhman, N., *Theorie der Gesellschaft oder Sozialtechnologie — Was leistet die Systemforschung?*（Suhrkamp, 1971）, S. 136.「コミュニケーション能力の理論のための予備的考察」、佐藤嘉一ほか訳『批判理論と社会システム理論——ハーバーマス＝ルーマン論争——』（木鐸社、一九八七年）所収、一六四頁。

（22）*Ibid.*, S. 140. 邦訳、一六九頁。

（23）Habermas, „Wahrheitstheorien", in: *Vorstudien und Ergänzungen zur Theorie des kommunikativen Handelns*, S. 181.

（24）Habermas, „Vorbereitende Bemerkungen zu einer Theorie der kommunikativen Kompetenz", in: *Theorie der Gesellschaft oder Sozialtheologie……*, S. 140. 邦訳、一六八頁。

（25）Habermas, „Wahrheitstheorien", in: *Vorstudien und Ergänzungen ……*, S. 177.

（26）*Ibid.*, S. 178.

（27）Habermas, *Moralbewußtsein und kommunikatives Handeln*, S. 99. 邦訳、一四三頁。

（28）Habermas, „Vorbereitende Bemerkungen zu einer Theorie der kommunikativen Kompetenz", in: *Theorie der Gesellschaft oder Sozialtechnologie……* S. 115. 邦訳、一三八頁。

（29）*Ibid.*, 同右。

（30）*Ibid.*, 同右。

（31）*Ibid.*, 邦訳、一三九頁。

（32）Habermas, *Moralbewußtsein und kommunikatives Handeln*, S. 72. 邦訳、一〇三頁。
（33）*Ibid*. 同右。

第六章　ウィトゲンシュタイン

前章に引き続き本章でも、言語をめぐる《事実性》について考える。本章で検討するのは、言葉の意味に関する問題である。

言葉の意味について考察することは、間違いなく哲学の主要課題の一つにほかならない。人間の知的活動は、ほとんど例外なく言語を用いて行われるからである。それゆえそれは、言葉が事物や事柄を揺らぎなく意味していること、言葉の交換において意味が正しく伝達されること等を前提しているであろう。本当の意味で知ろうとする営みである哲学、人間の知の根拠やあり様について考えることを任務とする哲学は、こうしたことが本当に成り立っているか等の検討を怠ることはできないはずである。「言葉の意味とは何か」「言葉が何かを意味するということはどういう現象か」「空気の振動やインクの染みが意味をもつことはいかにして可能か」「複数の人間の間で同じ意味を共有できるのか」といった根源的な問題に、哲学は本気で取り組まなければならないのである。

本章では、言葉の意味に関する哲学的探究の事例として、ウィトゲンシュタインの哲学を取りあげる。ウィトゲンシュタインの哲学は、言葉の意味に関して、おそらくは他のどの哲学よりも根本的な考察を示していると考えられるからである。本章では主として、後期のウィトゲンシュタインが書きとめた『哲学探究』（以下では『探究』と略記する）の内容に即して、言葉の意味をめぐってウィトゲンシュタインが繰り広げた思索を辿ることにしたい。

ウィトゲンシュタイン（Ludwig Wittgenstein 一八八九年―一九五一年）は、ウィーンの鉄鋼財閥として財をなしたユダヤ人家庭に、第八子として生まれた。はじめは航空工学を専攻したが、やがて関心が数学と数学基礎論に向かい、その後ケンブリッジのB・ラッセルのもとで哲学を学ぶことになる。第一次世界大戦に志願兵として参加し、この間に、生前に出版した唯一つの哲学書である『論理哲学論考』（以下『論考』と略記する）を執筆している。『論考』を完成したウィトゲンシュタインは、哲学の問題をすべて解決したと考えて、オーストリアで小学校の教師に転身する。だが問題を起こして勤めは続かず、修道院の庭師などをして過ごすことになる。この間に『論考』は反響を呼んで、ウィーン学団という論理実証主義の哲学者たちのグループからバイブルと目されるに至る。

他方ウィトゲンシュタイン自身は、その後『論考』の考えに不満を感じるようになって哲学研究を再開し、『論考』に記された事柄を自己批判することになった。これ以後のウィトゲンシュタインの哲学は、日常語の多彩なあり様をそのまま引き受け、言語の具体的使用に即して哲学の問題を解明しようとするものとなった。探究と論述のスタイルにおいても、人柄や行動においても、ウィトゲンシュタインは極度なまでに特異な個性を示した人物として知られている。

第一節　語の意味はそれが指示する対象か？

ともあれ、『探究』の冒頭の箇所を見ることから始めることにしよう。そこでウィトゲンシュタインは、語の意味とは何であるかに関して、最も広くとられていると見られる見解を紹介している。それはアウグスティヌスが表しているものである。ウィトゲンシュタインに関する解説書等では必ず取りあげられるため、非常に頻繁に目にされるものではあるが、後論のためにここでも引用することにしたい。なおウィトゲンシュタインは、このアウグスティヌスの見方を、言葉の意味について考える上で、誤った見方を典型的に示すものと見なしている。

大人たちが何かある物の名を呼び、そちらの方を向くと、私はそのことを知覚しました。そして彼らがその物を指差そうとするので、彼らが発する音によりその物が意味されていることを理解しました。ですが私がこのことを見て取ったのは、彼らの身振り、すなわちすべての民族にとっての自然な言語である身振りからでした。身振りというこの言葉は、魂が何かを欲したり、固執したり、拒絶したり、何かから逃げるとき、その感情を顔つきと目の動きや、手足の動きや、声の響きによって表すものです。こうして私はいろんな文の中の特定の場所である言葉が繰り返し発せられるのを聞き、その言葉がどんなものを意味するのか徐々に学びました。そして、自分の口がそうした音の記号に慣れるようになると、自分の欲求をそれらによって表現しました。(1)

アウグスティヌスは、大人たちがある物の方を向いてそれを指差しながらその物の名前を呼ぶのを見て、語の意味を理解するようになったと言っている。アウグスティヌスの念頭にあったのは、「机」や「椅子」、「パン」のような言葉が習得されたときのことであろうとウィトゲンシュタインは推測している。この引用に続けてウィトゲンシュタインは、アウグスティヌスが述べているところから、言葉の意味について人々がよく抱く見方が読みとられると指摘している。すなわちそれは、「語の意味とは、それが指示する対象である」という見方である。例えば「机」のような語の意味は、それが指し示す机だということである。もちろんそれは、現実に存在して眼前で知覚される机、生身の机そのものにほかならない。

このような見方は、アウグスティヌスのような偉大な精神でさえ採用したものであり、それゆえ、それ以外の多くの人々によってもとられてきたと考えられる。そしてこのことは、ウィトゲンシュタイン自身が誰よりもよく自覚していたことであった。『論考』を書いた前期のウィトゲンシュタインが、まさにこうした見方をとっていたからである。『論考』の三・二〇三では、「名は対象を指示する。対象が名の意味である(2)」とはっきり記されている。

後期のウィトゲンシュタインは、このような見方を自己批判している。先に引用された『探究』の箇所に続いて言われていることも、この見方を様々に批判する内容からなっている。

この批判の内容を次に辿るのが、議論の正常な進み方であろう。だがその前に、われわれには検討できることがある。こうした見方に対する批判がほかにもあったことを、われわれは知っているからである。それは、本書の第一章で見られたソクラテスの考えである。

ソクラテスの問いは、アウグスティヌスが示したような説明が成り立たないからこそ発せられたものにほかならない。人が「机」という語を発しながら指差す机は、そのつど異なるものとなるはずである。円形の板と四本の足からなる机が指差されることもあれば、四角形の板と一本の足からなる机が指差されることもある。第一章でも見たように、このようにそのつどの例を辿って行くと、すべての机に共通する要素は一つとしてないことが明らかになる。したがって、「机」という語の意味が指差された机であるとすれば、「机」という語はそのつど異なった意味のものになるはずであり、それゆえ確定した意味をもたないことになる。ところが、それにもかかわらず、それらはすべて「机」と呼ばれる。だからこそソクラテスによれば、われわれはあらためて「机とは何であるか?」と問わなければならないのである。

第一章で見たように、ソクラテスが探究のテーマとしたのは、「善」「美」「正義」等々のような道徳的概念であった。ソクラテスはこれらに関する真の知識を追求して、これらが「何であるか?」という問いを発した。そしてこの問いの形に当てはめて、「机とは何であるか?」と訊くことは、「机」という語の意味を訊く問いとしても成り立つ。この問いは、「『机』という語の意味は何であるか?」を訊くものとしても理解されうるからである。そもそもソクラテスが問題にしたことは語の意味だという解釈すら成り立ちえるであろう。それゆえ、言葉の意味を訊く問いに真剣に答えようとすれば、ソクラテスの問いに答えようとするときと同様の困難にぶつかることになる。すなわち、「『机』という語の意味は何であるか?」と訊かれた場合に、多くの人は思わず、たまたま近くにある机の一つ二つを指差すであろうが、先述したように、それでは答えにはならないという問題が生じるのである。

すでに第一章で見たように、ソクラテス・プラトンと同じように考えれば、「机のエイドス」「机のイデア」が「机」という語の意味だとされねばならないはずである。すなわち、現実に存在する個々の机のいずれとも異なる、純粋な「机そのもの」が示されねばならないことになる。「エイドス」「イデア」というプラトンの概念は、言葉の意味としても通用するものである。

だが、言葉の意味に関するこのような説明に、本気で納得できる人はいるであろうか。「個々のどの机とも異なる、純粋な『机そのもの』」と言われて、「机」という語の意味が理解できる人はいるであろうか。このような説明は何とも不自然なものを感じさせる上に、困難な問題をさらに幾つも生じさせることになる。純粋な「机そのもの」は一体どこにどのように存在するのか、それは個々の机に一体いかにして関わることができるのか、空気の振動やインクの染みは一体どのようにしてそれを指示することができるのか等々、次々に問題が湧出してくるであろう。

さて、このことを踏まえた上で、『探究』におけるウィトゲンシュタインの考察の内容を次に辿ることにしよう。ウィトゲンシュタインも、「語の意味はそれが指示する対象である」という見方を批判しようとする。

第二節　言語的意味の基礎としての「家族的類似性」

ウィトゲンシュタインが挙げている例に即して考えてみよう。ウィトゲンシュタインは、客から「五つの赤いリンゴ（fünf rote Äpfel）」と書かれた紙を店員が受け取るという、非常に単純なケースを想定する。(3) もちろん、店員は何の苦もなく、代金と引き換えに赤いリンゴを五個客に手渡す。

問題は、この店員が「5（fünf）」「赤い（rot）」「リンゴ（Apfel）」といった語を、それが指示している対象と対応させて理解しているのか、ということである。「リンゴ」という語に関しては、実際に眼前に見られるリンゴとの対応を確かめることもできそうである。また「赤」という語についても、視覚に与えられるものとの対応をどうにか考えることができるであろう。だが、「5」についてはどうであろうか。この語に対応する対象がリンゴと同じように視覚に与えられることはあるであろうか。ないであろう。リンゴが五つ見える場合とコップが五個見える場合とでは、視覚に与えられている現象はまったく異なる。両者に共通している「5」そのものは、どこにも見えていない。また五個の物であれば、視覚において一度に与えられるであろうが、一万個の物が一度に見えることはありえないであろう。一万という語が何かの対象を指示するようなことは、ありえないことなのである。このように数を表す語については、その意味が何らかの対象であるという説明は成り立たない。

この問題について、ウィトゲンシュタインが別の箇所で検討しているところに即して考えてみよう。『探究』第二八節では、われわれが見たのと同様の困難について述べられている。

二つの木の実を指差して「これが『2』である」という数2の直示的定義は、完全に正確である。――しかし、では、いかにして人は2をそのように定義できるのか？　この直示的定義が与えられた人は、人が「2」で何を名指そうとしているかを、そのときは知らないのではないか。そして彼は、君が木の実の集まりを「2」と呼んでいるのだ、と思うかもしれない！(4)

二つの木の実を指差して「これが『2』だ」と言うことによって、「2」という語の意味を説明することはできない。この場合、木の実の数ではなく、木の実が集まっている状態が指差されているのかもしれないとウィトゲンシュタインは言っているのである。また「2」は色の名前かもしれないし、植物の種類を表している可能性もあろう。「直示的定義は、いかなる場合にも、あれやこれやに解釈される可能性がある」(5)のである。

では、「2」の意味の説明が成功するのは、どのような場合であろうか。続くウィトゲンシュタインの考察を辿ってみよう。

次のように言う人もいるであろう。2は、ただ「この数が『2』である」と言うようにしてのみ、直示的に定義されるのだと。なぜなら、この直示的定義では、『数』という語が、言葉の――文法の――どの場所に「2」という語を置くべきなのかを知らせるからである。しかしこのことは、この直示的定義が理解されるのに先立って、「数」という語が説明されていなくてはならないということを意味している。(6)

「2」という語の意味が直示によって理解されるためには、まずそれ以前に、それが数の一つであることが知られていなければならないとウィトゲンシュタインは言っているのである。たしかに、大人が幼児に「●●」のようなものを指差しながら、「2」という語の意味を教えようとすることはあると思われる。だが、それは成功するとは限らない。幼児はこの図柄の名前を教えられたと思ってしまうかもしれないからである。直示的定義は、われわれが日ごろ考えるほど単純に成り立つものではない。「2」の直示的定義は、「2」が数の一つを表す語であることがあらかじめ知られていないと成功しない。逆に、それが数を表すことがすでに分かっていれば、「●●」のようなものを指差す行為は、「2」の意味の説明として非常に有効である。

「2」のような単純な語の意味が分かるためには、それに先立って「数」が理解されていなければならないという問題にわれわれは行き当たった。この問題は困難なものを感じさせる。「数」という概念は「2」のような個別的な数を包摂するものであり、個別的な数の上位に位置する。より抽象度の高い上位概念のほうが先に知られていなければならないということになるが、それは一体いかにして可能なのか、説明するのは大変に難しい。

このような場合、人によっては、思わず「数とは何であるか?」という問いを立てるかもしれない。だが、このようにソクラテスと同じ問いを発すれば、数の《本質》を求めて、プラトンと同様の議論の道に入ることになろう。その道の到着点にあるとされるのは、すでに見られたように「数のイデア」である。それは、個々のどの数とも異なる「数そのもの」にほかならない。だがこのような議論が、非常に不自然で奇矯な話を生じさせることを、ここで繰り返し述べる必要はないであろう。

後期のウィトゲンシュタインの探究の特徴の一つは、このように、われわれが現実に生きる世界から離れようとするような思弁を拒絶しようとするところにある。困難な問題に行き当っても、ウィトゲンシュタインは、われわれが実際に活動を行う生の現場から離れようとしない。こうした姿勢を自らに要求して、ウィトゲンシュタインは『探究』のある箇所で「ザラザラした大地に戻れ！」という命令を発している。(7)

さてこのような探究は、どのようなところに向かうのであろうか。数が数であることが知られる次第は、どのように説明されるのであろうか。答えとなるのは、「家族的類似性（Familienähnlichkeit）」とウィトゲンシュタインが呼んでいるものである。個々の数に様々に接する過程を経ることで、それらの数が一つの同じ集まりに属するものであることが見えてくるとウィトゲンシュタインは言う。数は互いによく似ているからである。それらは血族のようなものを形成しているようにすら見えるため、それらをメンバーとする集まりは「家族（ファミリー Familie）」と呼ばれる。「1」、「7」、「13」、「58」、「133」、「529」、「12587」……といった数が互いによく似ていると言えば、奇妙に感じられるだろうか。だが、「犬」や「猫」、「コップ」や「茶碗」といったものと比較すれば、明らかになるのではないか。「13」、「58」、「133」、「529」、「12587」……をメンバーとする集まりの中に、「犬」や「茶碗」はどう考えても属さないであろう。このように見れば、「1」、「7」、「13」、「58」、「133」、「529」、「12587」……といった諸々の数は、たしかに互いによく似ていると言うことができる。

こうした類似性の特徴を表現するのに、「家族的類似性（Familienähnlichkeit）」という言葉ほど適切なものを私は知らない。……

……例えば、様々な種類の数も、一つの家族（Familie）を形成している。われわれはなぜあるものを数と呼ぶのか？　大まかに言うならばそれは、これまで数と呼ばれてきた多くのものと、それが――直接的な――類縁性

（Verwandtschaft）をもっているからである。そして、このことを介してそれは、同じく数と呼ばれている他のものとも間接的な類縁性を保っているとも言える。(8)

われわれは「数とは何であるか？」のような問いを意識することのないまま、実生活の中でつねにすでに様々な数に接している。買い物の支払いをする必要から、われわれは四則計算を行うようにたえず迫られているし、また物の数を数えたり長さを測ったりするときにも、もちろん数を用いる。このようにして数に馴染むことによって、「数とは何であるか？」という問いに答えることができなくても、われわれは数のことを理解している。そして、「51836523」のような数にはじめて出会う場合にも、それがこれまで経験されてきたのと同じく数だということを即座に理解する。それがこれまで経験されてきた数と同じ集団（家族）に属するものであることが、迷う余地なく分かるからである。

われわれが日常生活の中で接する数は、やはりほとんど自然数であろう。そして、自然数をメンバーとする家族が一旦見て取られれば、さらにそれ以外の数もこの家族に属するものと見なされる。われわれは、「－1」、「－2」、「√3」といったものも、この同じ家族のメンバーとして扱うようになる。「このように（類縁性を介した過程を通って）われわれは数の概念を拡張する」(9)のである。このように、家族が見てとられることは、学問的な知見の拡張を可能にするものでもある。

重要な概念であるため、「家族的類似性」についてもう少し検討することにしたい。次に取りあげたいのは、「色」という家族である。「赤（い）（rot）」という語の意味は何であるかを考えてみよう。

「赤（い）（rot）」という語の意味を問われれば、人によっては、色の見本表の中にある「赤」のサンプルを指差すと思われる（色見本は、色彩語の意味を最終的に確定するように見えるものである。そのためであると思われるが、色見本の話はウィトゲンシュタインが好んで取りあげるものである）。だが、赤の色見本を直接指差すという説明は、成功するとは限らない。

この場合、この人は《色》を指差しているつもりでも、相手は色見本の《形》(例えば正方形)が指差されていると思うかもしれないからである。《色》を指差す行為と《形》を指差す行為とは、現象的に区別がつかない。

実際、われわれが何らかの色の名前を確かめようとして、色見本を見ることは珍しいことではないであろう。色見本はたしかにその役目を果たしている。ただこの場合、様々な色の見本は正方形や円形のような形に統一されているはずである。見本の形がそろっておらず、様々に異なっていると、それは形の見本として見られてしまうかもしれない。同じ形にそろえることによって、色見本は《形》のサンプルではなく《色》のサンプルとして機能するように作成されているのである。

だがこのように条件が整っても、まだ問題は残るであろう。人が《色》を指差していても、相手は「右」「左」「真ん中あたり」のような《位置》が指差されていると考えてしまう可能性が排除されないからである。このように見てゆくと、結局のところ、「赤」という語の意味を示すためには、それ以前に、それが《色》の一つであることが知られていなければならないことが分かる。それが「白」「青」「黒」等をメンバーとする集まりに属していることが、あらかじめ知られていなければならないのである。ウィトゲンシュタイン自身が述べているところを確かめておこう。

次のように言えるだろう。ある語についての直示的定義がその語の使用――意味――を説明するのは、いかなる役割をその語が言語において一般に演じるべきかが、すでに明らかな場合である、と。したがって、相手が私に色の言葉を説明したいと思っているということを、もし私が知っていれば、「これが『セピア』である」という相手の直示的定義は、私に「セピア」という語を理解させるのである。(10)

「セピア色」とはどのような色か、知らない人も多いであろう。そうした人は、色見本を見て、それがどのような色か確かめようとするであろう。だがこの場合、それが「白」「黒」「赤」「青」等々と並ぶ色の一例であることを、その人はあらかじめ知っていなければならないのである。

では、われわれは《色》とは何のことであるかをどのように知るのであろうか。何かが《色》であることは、どのようにして分かるようになるのであろうか。《数》に関して見られたのと同様に、実際の生活の中で、「白」「赤」「青」「黒」……のような語が様々に用いられるのを経験し、それらが表すものが「色」と呼ばれる集まり（家族）に属すことを見てとることによってである。「白」「赤」「青」「黒」……は、互いによく似ているため、同じ一群に属すものと見なされる。「白」と「黒」とは、よく正反対であることを表す比喩として用いられるが、実は非常によく似ている。「白」は「犬」や「机」にはまったく似ていない。それに比べれば、「白」は「黒」には非常によく似ている。色の家族が見て取られる経験はどのようなものであるか、ここで考えてみたい。次のような会話が例としてありえるであろう。現実に取り交わされてまったくおかしくない会話だと思われる。

ブティックにて
女性客（子連れ）：（白いジャケットを手にしながら）このジャケット、白しかありませんか。他の色はありませんか。
店員：何色をお望みですか。
客：赤いのはありますか。
店員：残念ながら、いま赤はありません。青ならありますが……。
客：見せていただいてもよいですか。
店員：ええ、もちろん。（奥から持って来て）どうぞ、ご覧ください。
客：うーん。青はやっぱりちょっと違うかな……。

女性客に連れられている幼児は、このような短い会話から非常に多くのことを学びとるであろう。この幼児は、形の上では区別のつかない二つのジャケットが、ある点ではまったく異なっているのを知覚しながら、それが「白」「青」のような名前で呼ばれることを学ぶであろう。また同時に、「白」「赤」「青」と呼ばれるものが同じ集団に属すること、その集団が「色」と呼ばれることを知るであろう。こうしたことを一度で学びとることはできないとしても、類似の経験を様々に経ることによって、次第に習得することができるはずである。《色》がどのようなものであるかが知られるのは、こうした過程を通ることによってであろう。

このようにして「家族的類似性」が見てとられることが基礎になって、言葉の意味は理解されるようになるとウィトゲンシュタインは考えた。その考察は、言葉の〈意味〉を何らか対象的なものとして示そうとするのではなく、あくまで実生活の中で言語が使用される現場にとどまって、意味の理解が成立する次第を見てとろうとするものであった。

『探究』第四三節に見られる「語の意味とは、言語におけるその使用（Gebrauch）である」(11)という有名な言葉も、もちろんこうした探究姿勢に関わるものである。この言葉は、言葉の意味についてウィトゲンシュタインが非常に直截的に述べているものであるため、大変によく知られている。後期のウィトゲンシュタインが言葉の意味についてどのように考えていたのかを示すものとして、非常によく引用される。

ここで、ウィトゲンシュタイン解釈に関わる事柄について、少し述べることにしたい。日本を代表するウィトゲンシュタイン研究者の一人である黒崎宏は、邦訳書の中でこの箇所に注釈を付し、この箇所がかなり問題を含んでいることを指摘している。そして、この箇所を安易に引用するべきではないとして注意を促している。(12)たしかにこの箇所からは、実際の言語使用の現場に密着しようとするウィトゲンシュタインの姿勢は窺えるが、言葉足らずであるため、この箇所が事柄として何を言おうとしているのかは判然としない。最もありえる解釈は、語を実際に用いながら言語活動が成功している場合には、語の意味はすでに理解されていることを言っていると見るものであろう。語に対応する対象のようなものを持ち出して、語の意味そのものを示す必要はないということである。

われわれも基本的にこうした解釈に同意するものであるが、もう少し具体的な内容を読み込む解釈もありえると考える。実生活の中で言語を使用することを言う場合には、ウィトゲンシュタインはむしろ„Verwendung“という語を用いるようにも思われるからである。[13] 語の意味が問題になるときには、ウィトゲンシュタインが „Gebrauch" という語を用いていることに注意すれば、次のような箇所が注目されなければならないと思われる。

「数」という語が2の直示的定義に必要か否かは、「数」という語がなくては、相手がその直示的定義を、私が意図するのとは異なって把握してしまうか否かということにかかっている。そして、もちろんこのことは、その直示的定義が与えられる状況と、与えられる相手に依存している。

そして、相手がその説明をどのように「把握」したかは、相手がどのようにその説明された語を用いる（Gebrauch machen）かというところに示される。[14]

例によって分かりにくい話になっているが、ここで言われているのは、「2」という語が数を表すものとして使用されていることが分かるとき、「2」という語の意味が理解されるということである。これはわれわれも先に見たとである。すなわち、誰かが二つ並んでいる物を指差して「これが『2』だ」と言って「2」という語の意味を説明しようとする場合、この説明が成功するためには、「2」が《数》を表す語であることを、相手があらかじめ分かっていなければならない、ということである。このように先行する理解に基づいて語が使用されることを表すのに、ウィトゲンシュタインは „Gebrauch" という語を用いている。「2」という語は「《数》として使用される」ということである。

そして、《数》のことが知られるのは、先にも見られたように、様々な数に実際に接する中で、それらの間に類似性が見てとられることによる。それらが親密さを備えた集まり（家族）の一員であることが知られなければならない。「語の意味は言語におけるその使用である」という有名な言葉の中で言われている「使用」とは、このように、「家族的類似性」によって可能になることを意味しているとわれわれは考える。この有名な箇所は、「家族的類似性」に関する洞察にまでつながる、ウィトゲンシュタインの探究の成果を考慮に入れながら理解されなければならないのである。

第三節　言語ゲーム

われわれの考察は「家族的類似性」という概念を浮かび上がらせることになった。われわれはこの概念を非常に重要なものだと考える。というのは、それは、われわれが注目してきた《事実性》という事象にまさに合致する性格のものだからである。「似ている」ということを、はじめから成り立っている《事実》として認める姿勢をとることができなければ、日常生活においてわれわれを支える無数の知がその根拠を奪われて、われわれの生活はひどく不自由なものになってしまうであろう。無数の様々な机はやはり似ている。どこがどのように似ているかを説明し尽くすことはできないが、やはり似ている。そして、似ているがゆえにわれわれはそれらをすべて机と見なして、困難を感じることはない。「類似性」に基づくことによって、われわれは机のことを知ることができるのである。

人間の知が「類似性」に依拠することができなくなれば、われわれは大きな困難を抱え込むことになる。ソクラテスやプラトンがしたように、眼前に見えるものが机であることを言うのに、「個々のどの机とも異なる、純粋な『机そのもの』」（机のイデア）を持ち出さなければならなくなる。だがこのような見方をとれば、われわれの思考は、日ごろ生きている世界の中に根拠を見出すことができなくなって、虚空の中を漂わなければならなくなるであろう。

「類似性」を重視し、それに依拠しようとすることは、これとは逆の方向を行こうとするものであり、われわれが普段否応なく生きている《事実性》をそのまま受け容れようとすることである。人間の思考や行為において「類似性」「似ていること」が実際に果たしている役割は非常に大きいとわれわれは考える。言葉の意味の理解を成り立たせているというだけにとどまらず、それは人間の思考や判断を根底で支えている。未知の出来事や未経験の事象に遭遇するとき、われわれは時にそれをどう受けとめてよいか分からず、また対処の仕方も知らないため、困惑し狼狽することがあるであろう。だがこうしたときに、既知の事柄でそれに似たものがあることを知るとき、われわれはそこに手がかりを求めることができる。未知の事象も、それがどのような家族に属するかが分かるとき、われわれの思考はそれを受けとめることができ、落ち着きを取り戻していけるのではないか。

二〇二〇年、コロナ禍の中にあって五里霧中の心細さを感じたわれわれには、百年ほど前に流行したスペイン風邪がどのような経過のものであったかが、時に非常に気にかかった。新型コロナウイルスとスペイン風邪のウイルスとは、かなり性格の異なるものであろうし、感染症が生じた状況も、医療水準も対処法も、両者の間ではまったく違うはずである。だが、それにもかかわらず、われわれは両者の間に類似性があるように思い、スペイン風邪の流行状況を参考にしたコロナ対策の実施を検討したくなる。そして、それは決して見当違いなことではないし、むしろ大いに有意義なことであろう。

二〇二二年、ロシアによるウクライナ侵略の報に接して、われわれは驚愕のあまり言葉を失った。この理不尽すぎる行為をどのようにして理解することができるのか、見当がまったくつかず、曰く言いがたい困惑に陥った。多くの人はこの出来事を、百年以上も前の帝国主義戦争に似たものとして捉えようとするのではないか。あるいは、日本が起こした満州事変や中国との戦争を連想する人もいると思われる。もちろん当時とは時代も状況も異なるが、似ている点も多いはずである。このように既知の事柄との類似に頼ろうとすることは、人間の思考がとる自然の道筋なのではないか。既知の事柄と同じ集まり（家族）に属すると見なすことができるとき、われわれの思考は手がかりを得て落ち着くことができるのではないか。

「似ていること」に基づこうとすることは、何やら曖昧なものを感じさせるため、ソクラテスやプラトンの哲学が示したように、時に学問的探究が拒否したくなるようなものであろう。だが、われわれの脳裏に「類似したもの」「似ているもの」が思い浮かぶのは、むしろ自然なことであり、そうしたことに依拠しようとする姿勢は、人間の思考にはじめから備わっているものなのではないか。

前節までで見られたように、このことは言葉の意味の理解を成り立たせているものでもあった。言葉の意味に関する後期ウィトゲンシュタインの考察は、その中で意味理解がつねにすでに実現している人間の言語活動を、それがとにかくすでに行われているままに見てとろうとするものであった。よく知られているようにウィトゲンシュタインは、人間がすでに現実に行っている言語活動を総称するのに「言語ゲーム（Sprachspiel）」という言葉を用いている。次にわれわれは「言語ゲーム」について検討し、ウィトゲンシュタインが人間の言語活動をどのように捉えていたかを見てみなければならない。

「言語ゲーム」という概念を検討しようとするとき、われわれが最初に注目しなければならないことはすでに明らかである。それは、「言語ゲーム」という言葉にすでに表れているように、人間の言語について考察しようとするときのウィトゲンシュタインの姿勢が、はじめから「類似性」に依拠しようとするものになっているということである。「言語ゲーム（Sprachspiel）」という呼び名には、ウィトゲンシュタインが人間の言語活動を「ゲーム（Spiel）」に似たものとして捉えようとしていたことが表れている。類似性に基づこうとする姿勢は、まさにウィトゲンシュタイン自身の思考の根底においてたえず働いていたものにほかならなかった。

したがって、「言語ゲーム」という概念によってウィトゲンシュタインが示そうとしたことを知ろうと思えば、その前にまず「ゲーム」についてウィトゲンシュタインが述べたことを理解しなければならない。そして、ウィトゲンシュタインが「ゲーム」について述べていることもまた、まさに「類似性」に依拠することによって洞察されたものにほかならない。われわれは次にまず、ウィトゲンシュタインが「ゲーム」について述べているところを辿ってみなければならない。

『哲学探究』第六六節でウィトゲンシュタインは、球技や盤ゲーム、格闘技などを「ゲーム」の例として挙げ、それらすべてに共通する事柄があるわけではなく、それらはもっぱら類似しているがゆえに一括りに捉えられることを主張している。後期ウィトゲンシュタインの思考の特徴が非常によく表れている箇所でもあるので、あえて長々と引用してみたい。

われわれが「ゲーム」と呼ぶ事象について考察しよう。私が言っているのは、盤ゲーム、カードゲーム、ボールゲーム、格闘ゲーム等々である。……「それらには何かあるものが共有されていなくてはならない、さもないと、それらは『ゲーム』と呼ばれないから」などと言ってはならない。……君がそれらをよく見れば、それらすべてに共有されている何かあるものを見出すことはないとしても、そこに類似性や血縁関係を見出すであろう。……考えるな、見よ！……盤ゲームをよく見よ。……カードゲームに移ろう。君はここに、盤ゲームとの多くの対応物を見出すが、しかし盤ゲームにおける多くの共通の特徴は消え失せ、別の特徴が現れている。……いかなるゲームにも勝敗あるいは競争があるであろうか。一人トランプのペイシェンスについて考えよ。この場合には、勝敗も競争もない。ボールゲームにおいては、一般に勝敗や競争がある。しかし、子どもがボールを壁にぶつけて跳ね返ってきたそれを受け取る遊びをしているときには、勝敗も競争も無くなっている。それらのゲームにおいて、器用さと運が演じている役割について、よく見よ。……さて、輪舞について考えよ。ここには娯楽の要素はあるが、しかし、ゲームが一般に有するその他の特徴がいかに多く消え去っていることか！　このようにしてわれわれは、ゲームの実に様々な集まりを通過することができる。そしてわれわれは、それらにおいて類似性が現れては消えるのを見るのである。(15)

やや冗長すぎるかもしれないが、われわれの馴染みの事例に即して、捉え直すことを試みよう。野球とサッカーとの間には、もちろん多くの違いはあるものの、どちらも球技であるという点では同じである。またチームとチームが対戦する点も共通している。だが、テニスや卓球はどうであろうか。これらも球技ではあるが、一対一の対戦が行われるという点で、野球やサッカーとは違う。かたや、ボクシングや相撲のような格闘ゲームは、ボールを用いない点ではどの球技とも異なるが、一対一の対戦が行われるという点ではテニスや卓球と似ている。このように様々なゲームの間では、少しずつ共通する部分はあるものの、すべてのゲームに共通する事象はなかなか見当たらないように思えてくる。人によっては、やや考えた後に「勝敗がつくという点はすべてのゲームに共通している」と言いそうである。

だが、反例はすぐに挙げられる。勝敗をつけない仕方でボールを蹴って、交換しあうような遊戯（蹴鞠）もやはり「ゲーム」と呼ばれるのではないか。そして、それはやはりサッカーに非常に似ているであろう。また、一人で詰め将棋をするのはどうであろうか。どう見ても将棋の対局に似ているであろう。こうして、勝敗がつかないものも「ゲーム」の内に数え入れられることになる。同様にして、ダンスのようなものも「ゲーム」と見なされうるであろう。

このように考えてゆくと、同じ集まり（家族）のメンバーのすべてに共通する事柄を見出そうとする場合、それは一度は取り出されたように見えても、しばらく辿っていると不適格であることが分かってしまう。先の引用箇所でも言われているように、それは「現れては消える」のである。

では、同じ集まり（家族）に数え入れられる諸々の成員を通覧するとき、何が得られるのであろうか。先の引用箇所に続けてウィトゲンシュタインが述べているところを見なければならない。

いまや、これらの考察の成果は次のようなことである。すなわち、様々なゲームを順次見てゆくと、われわれはそこに、相互に重なり合い交差し合う種々の――それらはまた大きかったり小さかったりする――類似性の、複雑な網状組織を見る。(16)

ここで言われていることは、図で考えると理解されやすいと思われる（図6–1）。図にすると、まさに文字通り「相互に重なりあい交差しあう……複雑な網状組織」が現れる。

このように「ゲーム」という語は、共通する要素はもたないが似ているものの集まり（家族）を表すものとして使用される。語は、類似した成員からなる集まり（家族）の呼び名であることが知られるとき、その意味が理解される。

言葉の意味の理解を「家族的類似性」に帰着させようとする姿勢は、曖昧なものを容認するように思われるものであろう。「家族」については、それがどのような範囲のものか、またその境界はどこか、といったことが不明確にならざるをえないからである。ベッドにもなることができるソファは、椅子の家族に属するのであろうか、それともベッドのひとつなのであろうか。あるいはその両方に属するのか。「家族的類似性」という考えには、曖昧なものや混沌としたものがつきまとうようにも見えるため、それに訴えることは、言葉の意味の問題に正しく向き合っていないことを思わせるものかもしれない。

だがわれわれとしては、このことは現実のもつ曖昧さや多彩さを素直に反映するものだと考える。そして、言葉の意味はたしかに曖昧で流動的なものであるが、だからこそ同時に生産的なものであるとわれわれは考える。例を挙げながら考えてみよう。

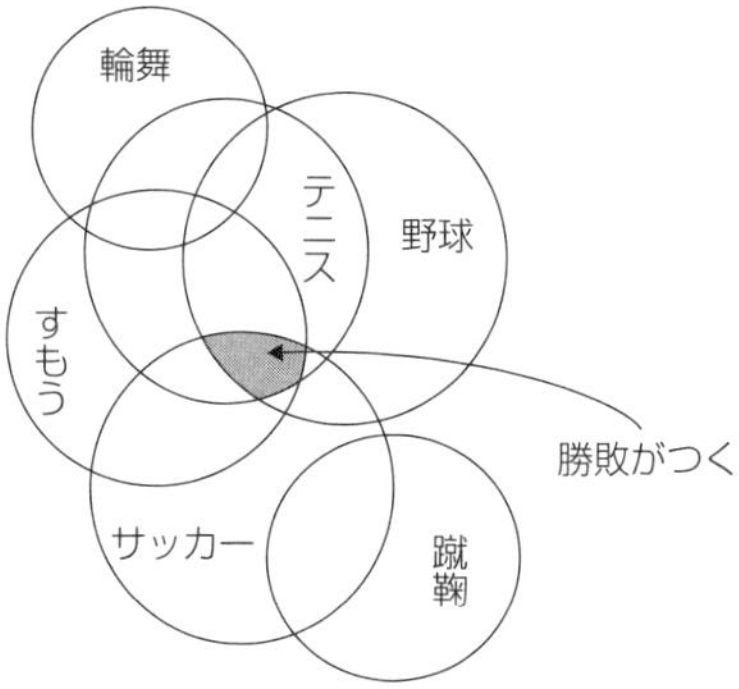

図 6-1　類似性の複雑な網状組織

マラソンや一〇〇メートル走のような陸上競技は、「ゲーム」に属するだろうか。これらはボールを用いるわけではないし、勝敗をつけるというよりも順位を競うものである。それらは、ボールゲームとも盤ゲームとも格闘ゲームとも異なっているように見える。「ゲーム」という家族に数え入れにくいように思えるものであろう。

われわれは実際のところ、この問題にはっきりした答えを与えないままであると言える。陸上競技は、身体を活発に動かすという点では球技や格闘技と共通しているため、これらと同じ「スポーツ」という家族に入るとわれわれは考えている。そのため、これらはすべてオリンピック競技として認められている。「ゲーム」という家族は、「スポーツ」という家族と部分的に重なるものである。

このように「家族」とは、堅固で確定的なものではなく、境界の定まらない曖昧なものである。また、複数のものが重なることを許すものでもある。ある家族がさらに大きな家族に属することもある。「机」という家族は、さらに「家具」というより大きな家族に属している。このように「家族」は、多くのものが重なり合ったり交差し合ったりしながら存在する。

他方「ゲーム」に属しながら、「スポーツ」には属さないものもある。将棋や囲碁、チェスのような盤ゲームがそうである。ただ、これらも勝敗を争うという点では、テニスや卓球のような球技に似ている。そのため時に取り違いが生じて、盤ゲームもスポーツに属するように考えられてしまうことがある。二〇二〇年八月、日本のスポーツ雑誌『Number』（文藝春秋）が将棋の特集号を刊行して話題になった（表紙には藤井聡太氏の写真が載せられた）。将棋をスポーツと見なすことは、少なくとも現在習慣になっている言葉使いからすれば、やはり取り違いだと言わねばならないであろう。このような取り違いは、「家族的類似性」が生み出すものにほかならない。

だが、このような誤りを生じさせることは、「家族的類似性」という概念を否定的に評価する理由にはならない。むしろ、このようなことを許す曖昧さをもっているからこそ、「家族的類似性」はわれわれの思考を可能にしていると言うことができるからである。虚数や無理数は、自然数、序数といった既知の数と同じ家族に属すように感じられるがゆえに、どのように扱われるかも容易に定まる。既存のどの家族に属するかが分かれば、われわれの思考は新しい事象に対応することもできる。境界が定かではないがゆえに、家族は拡張することも可能であり、それがためにわれわれは新しい事象を扱うこともできる。

ラグビーという新たな球技が誕生しても、それはサッカーを母体としてサッカーに似ているため、われわれはそれにスムーズに馴染むことができる。既存のものと同じ領域に属すと見なすことができるとき、われわれの思考は新しい事象をより容易に受け容れることができるであろう。ここ数年、大雨を原因として日本で起きている災害は、以前の災害と異質のものであるとしばしば言われる。だがそれは、以前のものと似ている点はやはり多々あり、それゆえ「災害」という同じ家族に属すと見なされる。そのため、報道に接したとき、これまでの経験と突き合わせながら被害のあり様を想像することができるし、それにどのように対処するべきかを検討することもできる。「家族」の境界が定かでなく、それゆえ「家族的類似性」が曖昧で混沌としたものを感じさせることは、むしろこのように人間の思考を働かせるものにほかならない。新しい事柄の取り込みを可能とするような曖昧さや混沌は、それゆえ生産的な役割を果たすものとして、肯定的に評価されなければならない。

さてここで、「言語ゲーム」というテーマに立ち帰って、人間の言語活動について考えることにしたい。人間の言語活動もまた、ここまで見てきたような不定なもの、曖昧模糊としたものをたえず伴いながら、非常に複雑に、非常に多彩に行われてゆく。もちろん、言葉の意味は変化することがある。「家族的類似性」が、時代とともに異なるものに変わることもあるからである。囲碁や将棋も「スポーツ」と呼ばれるような時代が、いずれは来るかもしれない。公共的信念や習慣が変化するのに対応して、言葉の意味も変化してゆく。

すでに触れたようにウィトゲンシュタインは、人間の言語活動をゲームに似たものとして捉えようとしたために、「言語ゲーム」という呼び名を選んだ。「言語ゲーム」という概念に関して、まず理解されなければならないのは、それが先に見られた様々なゲームと同様に、多様で多彩で複雑であるということである。人間が行う多種多様な言語的行いには、共通する事柄は結局のところ見出されない。それらは、とにかく似ているものとして、同じ集まり（家族）に属するものと見られるだけである。それらについて、どの点でどのように似ているかを正確に記述することはできないため、それらを単一化的に捉えることはできない。ウィトゲンシュタインがこのことを指摘している箇所を見ておくことにしよう。

　以下のような例から、言語ゲームの多様性を見てとられたい。

命令する、命令に従って行動する――
対象をよく見て、あるいは測定して、記述する――
ある対象を記述（設計図）に基づいて制作する――
いきさつを報告する――
いきさつを推測する――
仮説を立て、検証する――
……
劇を演じる――
輪舞しながら歌う――
……(17)

右の引用では、『探究』でウィトゲンシュタインが列記している例をかなり割愛している。ただ、ウィトゲンシュタインが挙げている例をすべて引用しても、言語ゲームの多様性を示し尽くすことは到底できない。そもそものようなことは、はじめから不可能である。人間の言語活動について考えようとすれば、われわれはその汲み尽くし難い多様性に直面して、単純な理論化が不可能であることをまず知らなければならない。大学の授業で淡々と一方的な講義を行うことは、思わず叫び声をあげることとはまったく異なる。また、文字を長々と書きつけて本を著したり、わざわざそれを読んだりするといった行為は、またさらに違うことである。

「言語ゲーム」の多様性をそのまま受けとることのできない人は、ソクラテスのように「『言語ゲーム』とは何であるか？」という問いを立てて、共通の要素（本質）を求めてしまうとウィトゲンシュタインは言う(18)。だが、このように問うことが無意味であることをもう一度説明する必要はないであろう。先に「ゲーム」に関して見られたのと同様に、「言語ゲーム」に関しても、すべての事例に共通する事柄を見出すことは不可能である。「言語ゲーム」に関しても、われわれが見てとることができるのは、「相互に重なり合い交差し合う、種々の……類似性の複雑な網状組織」[19]だけである。

第四節　事実性

ここで、われわれが依拠してきた《事実性》という概念と関連させながら、ウィトゲンシュタインの考えを捉え直すことを試みよう。後期のウィトゲンシュタインの哲学は、まさに《事実性》をそのまま受けとめようとするものであり、本書でわれわれがとってきた姿勢に明確に合致するものにほかならない。見られてきたように、ウィトゲンシュタインの言う「言語ゲーム」は、「家族的類似性」に基づいて成り立つものとして考えられている。このように、どこがどう似ているかを正確に述べることはできないが、とにかく似ているということをそのまま受け容れようとする思考姿勢は、われわれの言葉で言えば《事実性》を認めようとする姿勢にほかならない。それは、ソクラテスやプラトンのように不変の本質を求めようとするのとはまったく逆に、はじめから成り立っている《事実》をそのまま引き受けようとすることである。

なお、「言語ゲーム」が《事実的》に存在するということに関しては、さらにもう一点指摘しなければならないことがある。それは、ウィトゲンシュタインが「言語ゲーム」を、人間が行う様々な行為と連動するものとして考えていたことである。『探究』において「言語ゲーム」という言葉を導入している箇所で、ウィトゲンシュタインはそれを「言語とそれが織り込まれる行為の全体」[20]と言い換えている。当然といえば当然であるが、人間の活動の中で、もっぱら言語のみによって営まれる部分は、文学活動のようなごく一部のことに限られる。人間の言語活動はほとんどの場合、他の様々な行為と絡まり合いながら営まれる。セールスマンが商品の説明を懸命に行うのは、それによって人を説得し、人に購買行動を起こさせるためである。

人間の言語活動が他の様々な行為と連動していることを見てとることは、「言語ゲーム」のあり様について考える上で、非常に重要なことである。というのは、このことに注目することによって、「言語ゲーム」が、これまで見られてきたのとは別の意味でも《事実的》なものであることが見えてくるからである。人間の行動の多くは自動的なものであり、明確な説明が成り立たないようなものであろう。なぜ歩くのかと訊かれても、ほとんどの人ははっきりとした答えを与えることはできないであろう。人間の行動の多くが理由のつけられない《事実的》なものである以上、それと連動している言語的行動もまた《事実的》なものにほかならない。

考えてみれば、球技のような「ゲーム」も、人間がとる自動的な行動と地続きのものであると言える。歩いて行こうとする先の地面の上に、何か適度な大きさの物が落ちていれば、多くの人は足で蹴りたいような衝動を覚えるのではないか。このように、特に理由もなく物を蹴ろうとする人間の行動と連動して、蹴鞠やサッカーのようなゲームが存在すると言うことができる。また、手に握っている物を衝動的に投げつけたことのある人は多いであろう。野球やハンドボールのような球技は、このような人間の行動を端緒として発達したものだと見ることができる。このように「ゲーム」は、人間が生活の中で自動的に行う行為とつながっているものにほかならない。

こうしたことと同様に、「言語ゲーム」もまた人間の行為と連動しながら自動的に行われる。このような自動性を備えている点でも、「言語ゲーム」は《事実的》に存在するものにほかならない。人間はとにかく何かを行い、それと連動して言語を用いる。人間が生活の中でとにかく言語を話すのは、人間が特に理由もなく物を蹴ったり投げたりするのに似ている。ウィトゲンシュタインが「言語ゲーム」について次のように言うのは、われわれの言葉で言えば、彼が「言語ゲーム」の《事実性》を表現しようとしているからだと見ることができる。

「言語ゲーム」という語は、言葉を話すことがある活動の一部、ある生活の形の一部であることを強調するために用いられる。[21]

また、最後期の『確実性の問題』には次のような言葉が見られる。まさに「言語ゲーム」の《事実性》が強調されていることが見てとられるであろう。

言語ゲームはいわば予見不可能なものであるということを、君は心にとめておかねばならない。私が言おうとしているところはこうである。それには根拠がない。それは理性的ではない（また非理性的でもない）。それはそこにある――われわれの生活と同様に。[22]

このことを踏まえた上で、われわれは次に、ウィトゲンシュタインの哲学をソクラテスとプラトンの哲学と対比させることによって、《事実性》についてもう少し考えることにしたい。すでに見られてきたことから明らかなように、ウィトゲンシュタインの哲学は、ソクラテス・プラトンの哲学とはまさに正反対の性格のものにほかならない。それは、ソクラテスが「何であるか？」と訊きながら真の知識を追求した姿勢を、はっきり否定するものだったからである。

ウィトゲンシュタインをソクラテス・プラトンと対比させる議論は、あまり見かけられるものではないが、このような見方をとることは決して無理ではない。ウィトゲンシュタインがソクラテスを意識していたことについては、近くにいた人の証言がある。これに関しては、飯田隆の解説書が貴重な情報を提供している。飯田によれば、ドゥルーリーという研究者が、ソクラテスについてウィトゲンシュタインが語った言葉を紹介しているという。飯田が引用しているところを、再引用することにしたい。

ソクラテスが偉大な哲学者だと見なされていることは、前から私には不思議だった。彼が語の意味をたずね、相手がその用例を挙げることで答えても、かれは、それに満足せず、定義を要求するからだ。語がどう使われる

か、その異なる意味は何かを、誰かが私に示してくれたとしたら、それこそ私が求める答えなのに。(23)

ソクラテス（プラトン）に関してわれわれが抱いたのとまったく同じ疑問を、ウィトゲンシュタインも抱いていたことが分かる。ウィトゲンシュタインに言わせれば、例を挙げながら語の使用のされ方を示すという、ソクラテスが拒否した答え方のほうこそが正しいのである。注目されてよいことだと思われるが、右の引用箇所から明らかなように、ウィトゲンシュタインにとってソクラテスは決して偉大な哲学者ではなかった。むしろそれは、誤った考え方をとった代表的な人物であった。

「言語ゲーム」や「家族的類似性」といった後期ウィトゲンシュタインの概念は、ソクラテス・プラトンの哲学に対する批判を含んだものとして見られるとき、より明確に理解されうる。ウィトゲンシュタインが「言語ゲーム」や「家族的類似性」といった概念を提示したとき、そこには「何であるか？」というソクラテスの問いを拒否する姿勢が込められていた。次に挙げる箇所は、ほとんどソクラテスに対する批判そのものに見えないであろうか。

人はいまや私に次のように反論するかもしれない。「君は安易な道を歩んでいる！　君は、あらゆる可能な言語ゲームについて語っているが、しかし君は、一体何が言語ゲームの……本質であるかを、どこにも語っていない。君は、何が、これらすべての「言語ゲーム」と言われる事象に共通しているか……を語っていないのだ。……

そのとおりである。――われわれが言語と呼ぶもののすべてに共通する何かを述べる代わりに、私はこう言っているのである。すなわち、……ある一つのものが、それらの事象すべてに共有されているわけではまったくなく、――それらの事象は、互いに、多くの様々な仕方で血縁関係にある（verwandt）のである。そして、この血縁関係……があるために、われわれはそれらの事象すべてを「言語」と呼ぶのである。(24)

このように《類似》に基づこうとする姿勢は、ソクラテスが最も批判しようとしたものだと見られてよい。何らかの事物や事柄について、日常生活の中で単なる類似を見てとるだけで知っているように思うことは、本当の知識をもっていることにはならないとソクラテスは考えたからである。われわれが日ごろ常識的に知識と見なしているものは「臆見（ドクサ）」と呼ばれ、本当の知識（「エピステーメー」）とは根本的に異なるものとして貶下《へんげ》された。そして、「エピステーメー」を求める試みは、「何であるか？」という問いを発することによって始められた。ヨーロッパの哲学（*φιλοσοφία*）を実質的に開始したソクラテスは、たしかに真の知識を追求した。しかも、人間が生きてゆく上で最も重要だと思われる事柄（道徳的事象）に関して真の知識を追求した。ソクラテスの試みが真正の哲学の営みであったことは間違いない。

だが、このソクラテスの試みが手放しで賞賛されるものではないことを、われわれはここでもう一度確かめなければならない。というのは、ソクラテスの問答活動は、実際には言語ゲームの存在を前提していたにもかかわらず、そのことを自覚していなかったのではないかという疑問を、いまやわれわれは提起することができるからである。人間の日常の言語活動があらかじめ行われていないところで、ソクラテスが問いを発することはありえただろうか。また、ソクラテスの活動が人間の日常の言語活動を前提していたとすれば、人間の日常の活動は単純に貶《おとし》められてはならず、むしろ重要な役割を負うものとして評価されなければならなかったのではないか、という疑問も生じるであろう。

「〜とは何であるか？」というソクラテスの問いは、やはり人間が日常営む言語ゲームを前提したものにほかならない。このような疑問文は、まずは日ごろの生活の中で発せられるものであり、それゆえわれわれの日常の言語ゲームに起源をもっている。

ソクラテスはこの問いを適用して、真の知識の追求を試みた。だが、哲学の問いとして発せられるとき、この問いは、日常の言語ゲームの中で発せられるのとは異なる性格のものとなる。哲学の問いとして発せられたとき、日常生活においては適切である答えを返しても、正しい答えにならない。この場合には、プラトンが示したような「純粋な

〜そのもの」（エイドス、イデア）のようなものを挙げなければ、正しい答えにならない。

だがこのような答えは、少なくとも言葉の意味が問題となる場合には、まったく誤ったものとなる。ソクラテスの問いを、言葉の意味を訊く疑問文に適用することはできない。言葉の意味が問題となるのは、日常の言語ゲームにおいて、何かの言葉が理解できない場合であり、真の知識を追求する場合ではないからである。はじめて見かける語が理解できないという場合が多いであろう。

この場合に、プラトンのように「エイドス」や「イデア」を持ち出して答えれば、ひどく奇妙なことになる。言葉の意味が問題になる場合、日常の会話において行われるのは、様々な実例を挙げて「家族的類似性」を見てとるように促したり、差し当たってとるべき行動を示唆したりするといったことであろう。あるいは、新しい語が登場した事情や脈絡を説明することが有効である場合も多い。ソクラテスのように訊くのは、実はかなり特異で例外的なケースなのである[25]。ソクラテスの問いを、本当の知識を求める真正の問い、根源的な問いとして特別視し神聖視すると、人間の本来の言語活動のもつ複雑さは見失われてしまう。

ウィトゲンシュタインの探究は、このように哲学が取り違えてしまった問題を、その起源である本来の日常の中に連れ戻して捉え直そうとするものであった。見られてきたようにウィトゲンシュタインは、言語に関する問題を、どこまでも実際の言語使用の現場にとどまる仕方で考えようとした。ここに見出されるのは、哲学で扱われる問題を、その起源である日常性の場面に差し戻して考察しようとする姿勢である。現実に生きられる生の現場に身を置いて哲学しようとする姿勢である。この姿勢は、伝統的な哲学を批判し、それに抵抗しようとするものにほかならない。このような姿勢をもった探究は、哲学とは異なるものであろうか。

だが、哲学とはどうあるべきかについて検討する思索とは、まさに哲学にほかならないのではないか。そして、伝統的な哲学のあり様を批判するような哲学の特徴を捉えようとするとき、《事実性》ということに着目することが有効であるとわれわれは考える。ウィトゲンシュタインが立ち帰ろうとした、とにかくまず行われている人間の言語活動（言語ゲーム）や、ともかくも見てとられている類似性（家族的類似性）とは、とにかくはじめらから成り立っているもので、なぜ成り立っているのかを理論的に説明しようとしてもできないものである。そのあり様は、われわれが「事実性」と呼んできたものにまさに当てはまるものにほかならない。

第五節　「反‐哲学」——伝統的哲学の批判——

「事実性」という言葉をわれわれが用いるとき、主として念頭に置かれてきたのはメルロ＝ポンティの考えであった。メルロ＝ポンティの言う「事実性」とは、物とその総体である世界があらかじめ否定しがたく存在していることを意味していた。そして後期のウィトゲンシュタインが強調したのは、人間がとにかくはじめから言語活動を営んでいることであった。どちらも、決定的な事象があらかじめ存在していて、それを否定することが意味をなさないことを指摘している。

メルロ＝ポンティは、自らの思考を「反‐哲学（anti-philosophie）」と呼ぶことがあった。この言葉をメルロ＝ポンティは、主としてハイデガーを意識し、ハイデガーに同調するときに用いたようである(26)。ハイデガーの哲学は、ヨーロッパの哲学の歴史を存在忘却の歴史と見なし、覆われたまま主題化されなかった《存在》を闡明《せんめい》しようとするものであった。それゆえそれは、ヨーロッパの哲学の伝統に対する批判を含んでいた。これに倣ってメルロ＝ポンティが「反‐哲学」と呼んだものの内実は、メルロ＝ポンティ自身によっても必ずしも明確にされていないが、それがヨーロッパの哲学の伝統に対する批判を含んでいたことは間違いない。メルロ＝ポンティのこのような姿勢を、われわれは、彼の《事実性》への還帰の試みと関連づけながら理解することができるはずである。

《事実性》は、ヨーロッパの伝統的哲学が自らの出所とし、自らの前提としてきたものであるにもかかわらず、哲学はその価値を正当に見てとってこなかった。例えばデカルトに従えば、事物とその総体である世界は、あらためて意識によって確証されなければ、その存在は認められないことになってしまう。本書の第二章で見たように、デカルトはこのように考えたため、眼前にありありと見える物が幻ではないことを言おうとするだけで、神の存在に根拠を求めなければならなかった。日常生活で最も自明に見えることを認めようとしないデカルトの議論は、このように、存在することを示すのが最も難しいものに訴えなければならなくなっている。また、他方でデカルトが実のところは数学と幾何学を前提していたことも、第二章で見たとおりである。このような倒錯を回避するためには、フッサールとメルロ＝ポンティの現象学が主張したように、眼前にありありと見える事物とその総体である世界が存在することを、《事実》としてそのまま受け容れるような見方をとらなければならない。メルロ＝ポンティが鋭く見抜いたように、デカルトの哲学のような伝統的哲学は、《事実性》を正当な仕方で受けとめてこなかったのである。

さて、ウィトゲンシュタインもまた、伝統的哲学に対する批判を、自らの哲学が負うべき任務として捉えていた。『探究』で言われているところを確かめてみよう。

哲学とは、われわれが所有している言語という手段（道具）によってわれわれの知性が魔法にかけられていることに対する戦いである。[27]

哲学における君の目的は何か。――ハエにハエ取り壺から脱出する道を示すことである。[28]

ウィトゲンシュタインが、ソクラテス・プラトンの哲学を「魔法にかけられ」た知性から生じたものとしてと考えていたこと、また「ハエ取り壺」に囚われた「ハエ」の一例と見なしていたことは明らかである。伝統的な哲学は、時に誤った仕方で問いを立て、それに答えるための説明に走って、煩瑣な概念を構成したり、徒らな思弁に陥ることがあった。それは、出口が見つからない容器に自ら迷い込んでしまって、意味もなくもがいているのと変わらない。必要なのは、そもそもの問題の立て方が間違っているために解決が見つからないということに気づき、そのように立てられた問題から離れ去ることだとウィトゲンシュタインは言っているのである。ウィトゲンシュタインの哲学もまた「反‐哲学」であったと言うことができる。

なお誤解を招かないようにしなければならないが、われわれは「反‐哲学」を企図するからといって、伝統的哲学を無意味だとして一蹴したいわけではない。「〜とは何であるか?」と訊いたソクラテスの哲学は、間違いなく真の知識を追求した。それは、まさに知を愛する営みであった。哲学しようとする者は、これらの探究が示す根本性や徹底性を、一度は共有しなければならない。哲学しようとするものは、やはり伝統的哲学が開いた道を通り、伝統的哲学がとってきた思惟を通過しなければならないのである。

だが同時に、哲学は根本から考える営みであるからこそ、先行者を無批判に引き継げばよいということにはならない。哲学が開いた道を通った後に、そこでとられた思惟のあり様をさらに哲学的に検討しようとするときに「反‐哲学」は生まれる。したがって、「反‐哲学」もまた「哲学」にほかならない。哲学を哲学するという点では、それはむしろ「メタ哲学」と呼ばれるべきかもしれない。

「事実性」という言葉は、日常語で平たく言えば、「とにかく実際にはそういうものなのだ」というようなことを意味するにすぎない。《事実性》の持つ真に重要な意義は、哲学的思索を徹底させた末にこそそれが逆に示し出されることを知らなければ、正しく理解されえない。本章では、哲学を批判するまでに徹底的に哲学する姿勢をもって、ウィトゲンシュタインが言葉の意味について探究した次第を見た。

注

（1）アウグスティヌス『告白』の中の一節。ウィトゲンシュタイン『哲学探究』からの再引用。Wittgenstein, L., *Philosophische Untersuchungen* (Suhrkamp, 1953), §1. 以下で『哲学探究』から引用する際には、*PU*, §1のように表記する。なお邦訳書としては、次のものをかなり参考にした。

黒崎宏訳・解説『哲学的探求』（産業図書、一九九四年）、鬼界彰夫訳『哲学探究』（講談社、二〇二〇年）。

（2）Wittgenstein, *Tractatus Logico-Philosophicus*（Routledge & Kegan Paul Ltd, 1922）, 3.203.

（3）*PU*, §1.

（4）*PU*, §28.

（5）*PU*, §28.

（6）*PU*, §29.

（7）*PU*, §107.

（8）*PU*, §67.

（9）*PU*, §67.

（10）*PU*, §30.

（11）*PU*, §43.

（12）前掲、黒崎宏訳・解説『哲学的探求』、三四頁、参照。

（13）例えば *PU*, §20.

（14）*PU*, §29.

（15）*PU*, §66.

（16）*PU*, §66.

（17）*PU*, §23.

（18）*PU*, §24, §65.

（19）*PU*, §66.（注16と同じ箇所）

（20）*PU*, §7.

（21）*PU*, §23.

（22）Wittgenstein, *Über Gewißheit*（Suhrkamp, 1969）, §559.

（23）Drury, M. O'C., *The Danger of Words and Writings on Wittgenstein* (Thoemmes Press, 1996). 飯田隆『ウィトゲンシュタイン――言語の限界――』（講談社、現代思想の冒険者たち7、一九九七年）、三五八頁より再引用。

（24）*PU*, § 65.

（25）*PU*, § 24 を参照。

（26）メルロ＝ポンティの言う「反‐哲学」に関して、本書で言及される内容は、主として次の書物に依拠している。木田元『哲学と反哲学』（岩波書店、同時代ライブラリー、一九九六年）。

（27）*PU*, § 109.

（28）*PU*, § 309.

あとがき——結語を兼ねて——

見られてきたように、本書で言われてきた「事実性」とは、まったく自明な事象のあり様を意味している。こうした事象はあまりにも自明であるため、問題化されたり疑問視されたりするとむしろ取り逃がされてしまうようなあり方をする。「目の前にありありと見える物が現実に存在する」、「物の総体である世界が現実に存在する」、「人間は身体として存在する」、「身体として存在する人間は、はじめから世界に巻き込まれて存在している」、「人間は世界を触覚的に意識しながら生きている」、「人間は言語を話しながら生きている」、「人間がさてもとりあえず言語を用いる中で、意味理解はすでに実際に成り立っている」、「人間は様々な物や事象のあいだに、特に理由もなく類似性を見てとっている」、「大多数の人が合意して認めることが、真理や道徳的規範として通用している」といった事柄のあり様が、本書で取りあげられた《事実性》の事例である。もちろんこれら以外にも《事実性》は存在すると考えられる。ほかにどのような《事実性》があるか、ここで少しだけ見ることにしたい。

「解釈学」と呼ばれる哲学の立場は、デカルトとはまったく逆に、人間の学問的探究が、あらかじめ持たれている知識や信念（先入見）に基づいて開始されることを、むしろ積極的に認めようとする。「解釈学」とは、そもそもは過去の文書を読解するための技術に関する学問であった。先入見の果たす重要な役割が強調されるのも、本来は、文書の理解が可能になる次第を明らかにするためであった。文書を読解しようとするとき、われわれは普通、その文書が一つのまとまりとして何を言い、何を表そうとするものであるかを理解しようとするであろう。それゆえ文書を理解することは、一つの全体を理解することにほかならない。だが、このような全体に関する理解が達成されるのは、文書が読み通された後であることは言うまでもない。そこに至るまでに、まず諸部分に関する理解が積み重ねられなければならない。しかるに、文書内の部分が書かれた次第や、部分が意味することは、全体が理解された上でなければ十分に理解されえない。したがってわれわれは、文書を理解しようとすれば、その全体的内容に関する理解を暫定的に仮設しながら部分を理解していく以外にない。この作業が積み重ねられることによって、当初の暫定的理解は修正されていき、われわれは次第に正しい理解に近づいていくことができる。このように部分と全体が互いに前提しあうことは、「解釈学的循環」と呼ばれる。「循環」とはこのように不動の根拠に基づかないものであるため、本来は誤った論証の形態の一つとして見られるが、解釈学はこれを、文書の読解において避けることのできない、いわば有意義な誤りと見なして、その役割を肯定的に評価しようとする。

また解釈学では、循環は、単に部分と全体に関してではなく、先行理解と追理解という形でも成り立つと考えられている。何百年も前の文書を理解しようとするとき、われわれは、その文書が書かれた時代の状況や、当時の人々が抱いていた価値観等にはじめから正しく基づくことはできない。われわれは文書の内容を、とりあえずはいま自分が生きている時代の状況や見方に当てはめながら読解を試みる以外にない（先行理解）。そして、このような作業が積み重ねられてゆく過程で、先行理解は修正されていき、より正しい理解（追理解）が形成されていくことになる。

このように、誤っているものも含めて、あらかじめ持たれている知識や信念等が果たす役割を肯定的に評価しようとする哲学は、無前提性を追求するデカルトの哲学とは顕著に対照的な性格のものにほかならない。解釈学は、学問的探究が行われる上で避けられない前提があるという事実をそのまま引き受けようとする哲学であり、それゆえ「事実性の哲学」の典型例であると言える。紙幅の都合のため本書では取りあげられなかったが、解釈学のとる考え方は、本来ならば周到に検討されなければならなかったであろう(1)。

本書で取りあげることのできなかった重要な《事実性》としては、さらに「他者」のあり様が挙げられる。「他者」の《事実性》について、ここで幾分か述べておくことにしたい。

誰でも自分自身を内側からそのまま生きることができ、自分が意識として存在することを直接知ることができる。

だが、自分以外の人も自分と同様にものを思う存在であることを、自分に関してと同様に知ることはできない。しかし、それにもかかわらずわれわれは日頃、自分以外の人も心をもっており、自ら考え、自らの意志に基づいて行動する存在であることを知っているであろう。このように〈他者〉をめぐっては、本来知ることのできないはずのことが知られているという謎がつきまとっている。この謎を解明することは、二〇世紀以降の哲学の主要なテーマの一つとなった。

とりわけデカルトのように、無前提性を追求して自己の意識に立ち帰り、そこからあらためて出発しようとする哲学にとっては、他者問題は大きな難問として立ち現れる。もっともデカルトは、この問題をさして難しいものとは考えていなかったようにも見える。『方法序説』第五部でデカルトは他者問題を検討しているが、その論調は、デカルトが他者の存在を簡単に説明できると考えていたことを窺わせるものである。デカルトによれば、人間はオウムのような動物と違って、言葉を単に機械的に反復するのではなく、そのつど複数の語を組み合わせることによって、自分の考えを表すことができる。また人間は、ほかの動物と違って、刺激に単純に反応するだけではなく、そのつどの状況に応じて、自らの判断に基づいた適切な行動をとることができる。デカルトによれば、これらのことは、人間に自ら考える能力（理性）が備わっていることを示しているという。それゆえデカルトによれば、他者が自分と同様の意識的存在であることは、容易に推認されるということになる。

また、基本的にデカルトと同様の道筋で考えようとするフッサールも、他者認識に関してデカルトに似た説明を与えようとしている。フッサールの説明は、簡単に言えば、眼前に存在している物が単なる物的対象ではなく、意識的存在である自分と似ていることが知られるとき、それが自分とは別のもう一人の自我であることが分かるとするものである。そして、こうしたことを可能にするものとして、「対化（Paarung）」、「類比化的統握（analogisierende Auffassung）」、「自己投入（Einfühlung）」といった概念が挙げられている。[2]

だが、このようなタイプの他者論が他者経験を十分に捉えるものになっていないことは、これまで様々に指摘されてきた。幾つか挙げられる論点のうち、本書では一点だけを見ることにしたい。

デカルトやフッサールの他者論では、他者は事物経験の延長上に、自分に似たものとして見出されることになる。このような見方に立つ限り、他者経験は事物経験に後から付随する間接的な経験として考えられることになる。事物経験を積み重ねた後にようやく、物によっては単なる物体ではないことが分かるかのようである。だが、他者経験とは本当にそのようなものであろうか。

むしろ幼い子どもほど初対面の人に会って緊張し、強い警戒感を示すことを、われわれはしばしば見かけないであろうか。自分以外の人が居合わせるとき、われわれは一人でいるときと同じような平常心を保つことができない。他者は気配や眼差しを感じさせるようにしてわれわれに強く迫ってくる。それゆえ他者が居合わせるとき、われわれは身構えずにいることができない。このように、他者はむしろ直接的に経験されるものなのではないだろうか。

他者が物と違って「顔（visage）」として現れることを主張するレヴィナスの他者論は、このような直接性を指摘するものだと見られてよいであろう。

〈他者〉が現前する様式は、じっさい顔と呼ばれている。顔というその現前のしかたは、主題として私の視線のもとにすがたをあらわし、一つのイメージを結ぶ様々な性質の総体として繰りひろげられるものではない。〈他者〉の顔は、顔が私に残す、手でかたどることのできるイメージを不断に破壊し、それをあふれ出す。……顔はその性質によってあらわれるのではなく、それ自体としてあらわれる。顔はみずからを表出するのだ。(3)

顔は内容となることを拒絶することで現前している。……顔は見られることも触れられることもない。視覚ないし触覚においては、対象の他性は私の同性に包摂されて、対象はまさしく内容になってしまう。(4)

他者が《顔》として現れるのに出会うことは、物を知覚することとは根本的に異なることだとレヴィナスは言っているのである。物を視覚や触覚によって捉えるとき、われわれはそれを、しかじかの形をもったものとして捉え、また固かったり、ざらざらしていたりといった性質の集合として捉えるであろう。だが、《顔》として現れる他者は、このような性質の総体の中に収まらないもの、そこからはみ出るようなものとして経験される。《顔》のもつ衝迫力は、このような事物的性質には帰着しえないものだからである。

それゆえ、《顔》として現れる他者は、事物の知覚経験が延長したところで間接的に経験されるものではない。《顔》に出会うことは、事物を知覚することとははじめから異なっている。《顔》として現れる他者は、そのまま直接経験されるのである。レヴィナスが指摘しているこの直接性は、われわれの言葉では「事実性」と呼ばれるものに重なる。

このように他者は、はじめから事物とはまったく異なる仕方で存在するため、事物と同じように知覚者の支配に服することがない。他者を事物と同じように扱うことは許されない。不要な物、邪魔でしかない物を壊して処分するのと同じように他者を処分することは、はじめからありえないことである。他者を殺して亡きものにすることは、それゆえ絶対に許されない。

> 〔他者という〕この無限なものは殺人よりも強いのであって、〈他者〉の顔としてすでに私たちに抵抗している。この無限なものが〈他者〉の顔であり本源的な表出であって、「あなたは殺してはならない」という最初のことばなのである。無限なものは殺人に対する無限な抵抗によって権能を麻痺させる。この抵抗は堅固で乗り越えがたいものとして、他者の顔のうちで、無防備なその眼のまったき裸形のうちで煌《きら》めく。[5]

「殺してはならない」という命題は、まさに倫理の根源にほかならない。これもまた《事実性》の一事例であると言えよう。本書の第五章でわれわれは「大多数の人が一致して合意するような道徳的命題が、現実の規範として通用する」ということを《事実性》の一つとして認めたが、これとは別に、さらに「人を殺してはならない」という命題を根源的な倫理原則として指定することができると思われる。考えてみれば、「人を殺してはならない」という命題のあり様は、まさに《事実性》と呼ばれるのにふさわしいものであろう。それはあまりにも自明であるため、疑問視されたり問題化されたりすることのないものにほかならないからである。「なぜ人を殺してはならないのか」という疑問文を発することが、実際に日本で小さな流行となったこともあったが、これに対して多くの人はただ困惑して、適切な答えを与えることができない様子であった。だがこのことは、この命題が確かでないことを意味するものではない。むしろ逆であって、それはこの命題の正しさがまったく自明であることを示していると見ることができる。このような《事実性》もまた、本来は本書でも取りあげられなければならなかったものであろう。

このように《事実性》について考えようとすれば、検討されるべき事象はさらに幾つか見出されてゆくであろう。われわれが行うべき作業はどこまでも続くようなものなのかもしれない。この作業に取り組むことは今後の課題とすることにしたい。また、何から何まで《事実性》と見なしてしまえば、不適切なことになることは言うまでもない。何を《事実性》として指定することができるかを見定めることも、今後の課題とすることにしたい。

この「あとがき」を書いて本書を仕上げようとしているのは、日本が新型コロナウイルス感染症の第七波に包まれている二〇二二年八月末のことである。本書の上梓を思い立ったのは、コロナ禍の一年目、二〇二〇年の末だったように記憶している。この頃、それまでに著した論稿を集めて教科書を作成することができそうだと思い立った。本書の元になった論稿はすべて、私の勤務先で刊行されている紀要に載せられたものである。次にそれらを列記することにしたい。

・「『語用論的転回』以後の哲学的倫理学――『ディスクルス倫理学』に関する基礎的ノート（上）――」、『広島修大論集』第三七巻、第一号（2）、一九九六年、所収。

・同右（下）、同右、第三七巻、第二号、一九九七年、所収。
・「言語ゲーム・規則・バックグラウンド――ヴィトゲンシュタインをサールによって補完する試み――」、『人間環境学研究』第四巻、第一号、二〇〇五年、所収。
・「『事実性』の哲学としての現象学――デカルトとの対比において見られたフッサールとメルロ＝ポンティ――」、『人間環境学研究』第一七巻、二〇一九年、所収。
・「『事実』としての知覚『事実』としての他者――現象学的探究――」、『人間環境学研究』第一八巻、二〇二〇年、所収。
・「ソクラテスとヴィトゲンシュタイン――言葉の意味に関する哲学的考察、その二つの対立する方向――」、『人間環境学研究』第一九巻、二〇二一年、所収。
・「コギト命題の行為遂行的解釈とディスクルス倫理学――言語と倫理に関する《事実性》をめぐる考察――」、『人間環境学研究』第二〇巻、二〇二二年、所収。

もっとも、本書に取り込む過程で内容を大幅に組み換えたため、これらの論稿の原型はほとんど失われている。また、書き足さなければならなかった事柄も大変に多く、かなりの部分は本書の執筆時に新たに書き下ろされたものである。

振り返ってみると、かれこれ一年半以上も本書の執筆にかかりきりだったことになる。この間コロナ禍のために、大学の授業の多くは、インターネットを利用した非常に変則的な仕方で実施された。コロナ禍が始まったばかりの時期には、このような仕方で授業を行わなければならないのは何とも不馴れなことで、戸惑いが大きかったが、馴染んでくると利点もあって、助かることも多くなった。授業の動画をインターネットにアップして、学生に自分の都合のよい時間に視聴してもらうというやり方をとったところ、自由に使える時間も増えて、時間を本書の執筆にまわすことができるようになった。「オンライン授業」とか「オンデマンド」という言葉は、当初は何やら奇怪な響きをもったものにしか聞こえなかったが、次第にありがたみのある言葉になっていった。非常に不謹慎なことを言うようで恐縮であるが、コロナ禍のおかげで本書の上梓が早まったことになる。物事は時に皮肉な結果をもたらすものだと感じている。

冒頭で述べたように、本書は学生が読むための教科書として書かれた。扱われている内容の多くは、初心者・入門者向けの基本的な事柄に関するものである。そのため、この度の執筆に際しては、基本的な事象に関して解説の誤りがないようにすることに気を配った。偉大な先達や優秀な専門家たちの書かれた入門書や解説書に目を通して、自分の理解を確かめるように心がけた。参照した入門書や解説書の数があまりにも多いため、それらを挙げることは断念せざるをえないが、著者の先生方にはこの場で謝意を表したいように思う。私のように浅学の者には、基本的な事柄に関する理解を点検する機会がもてたことは、非常に有意義であった。

このような作業をする中で思い出されたことがある。それは、いまは亡き滝浦静雄先生のことである。私が先生にはじめて教えていただいた頃、先生は木田元先生と並んでメルロ＝ポンティの主要な翻訳者として知られていた上に、ウィトゲンシュタインのことも深く研究しておられた。『ウィトゲンシュタイン』（岩波書店、二〇世紀思想家文庫6、一九八三年）という解説書をすでに上梓しておられた。私も本書でようやくメルロ＝ポンティとウィトゲンシュタインについて書くまでに至ったが、先生は今の私よりもはるかに若い年齢でこの二人の哲学のことを熟知していたことになる。いままで先生の偉大さを十分に分かっていなかったことにこの度ようやく気づき、恥じ入る思いがしている。

御定年が近い頃だったと思うが、先生は当時、大学院生たちがフッサールやメルロ＝ポンティに即して他者論に関する研究発表をしたときなどに、「他者が他者であることは接していれば分かる。哲学の議論に惑わされる必要はない」といった趣旨のことをよく言っておられた。当時の私は先生の言われたことをよく理解できずに聞き流してしまっていたが、いまでは、先生は他者の《事実性》のことを仰っていたのだと思っている。この点でも、私が近年にようやく理解できたことを先生はすでに十分に分かっておられた。先生の偉大さと同時に自分の至らなさを感じているところである。

本書は主として基本的な事柄を解説するだけの本にすぎないが、私のような非力な者にとっては、この程度の本をものするだけでも大変な重労働であった。書き終えようとしているいま、疲労困憊の状態である。数カ月前に還暦を迎えたが、年齢にふさわしい成果をあげていない自分に不満を感じている。「少年老いやすく、学なり難し」という言葉がよく真実を言い当てていることを、ひしひしと感じている。ただその一方で、この度の作業をする中で、メルロ＝ポンティ、ウィトゲンシュタイン、ハーバーマスといった人たちの哲学がもつ深遠さと重厚さをよく感じることができたことは、大変に有意義なことであった。残りの人生の時間では、この哲学者たちの著書を原文で味読することに時間を費やしたいと思っている。今後の目標がはっきりしたことは、私個人にとっては大きな収穫である。

仕事で苦労するとき、つい自分が味わう苦労を嘆きたい気持ちばかりが強くなり、関係する方々に思いが至らなくなるのは、自分の大きな欠点だと思っている。晃洋書房の井上芳郎さんには、今回も見積もりの作成等でお世話をいただいた。この場でお礼を申し上げたい。また、日頃の生活を支えてくれている妻千鶴と愛犬ジョンにもここで感謝の意を表したい。

なお本書は、二〇二二年度に広島修道大学から出版助成を得て、同大学のテキストシリーズの一つとして書かれた。事務手続き等でお世話になった大学の事務職員の方々に、この場でお礼を申し上げたい。

二〇二二年八月　広島にて

宮坂和男

注

（1）解釈学に関する私の考えは次に記されている。拙著『哲学と言語――フッサール現象学と現代の言語哲学――』（ナカニシヤ出版、二〇〇六年）、第八章。
（2）Husserl, *Cartesianische Meditationen*, S. 121ff. 5te Meditation. 邦訳、一六一頁以下、「第五省察」。
（3）Levinas E., *Totalité et infini, Essai sur l'extériorité*（Kluwer Academic, 1971）, p. 43. 熊野純彦訳『全体性と無限（上）』（岩波文庫、二〇〇五年）、八〇頁。
（4）*Ibid*, p. 211. 邦訳（下）、二九頁。
（5）*Ibid*, p. 217. 邦訳（下）、四一頁。

《著者紹介》

宮 坂 和 男（みやさか　かずお）

1962年　長野県生まれ

1986年　東北大学文学部哲学科（哲学専攻）卒業

1994年　東北大学大学院文学研究科（哲学専攻）博士課程修了（文学博士）

現　在　広島修道大学人間環境学部教授

著　書

『科学技術の現況といま必要な倫理』（晃洋書房，2019 年）

『生きること　死ぬこと　物語ること——終末期医療と倫理——』（晃洋書房，2015 年）

『哲学と言語——フッサール現象学と現代の言語哲学——』（ナカニシヤ出版，2006 年）

『生と死の現在——家庭・学校・地域のなかのデス・エデュケーション——』〔共著〕（ナカニシヤ出版，2002 年）

『人間環境学入門——地球と共に生きること——』〔共著〕（中央経済社，2001 年）

『歴史の現象学』〔共著〕（世界書院，1996 年）

広島修道大学テキストシリーズ

「事実性」の哲学

——フッサール、メルロ＝ポンティ、ウィトゲンシュタイン、ハーバーマス等の現代哲学を見る視点——

2023 年 2 月 10 日　初版第 1 刷発行　　＊定価はカバーに表示してあります

著　者　宮 坂 和 男©

発行者　萩 原 淳 平

印刷者　田 中 雅 博

発行所　株式会社　晃 洋 書 房

〒615-0026　京都市右京区西院北矢掛町 7 番地

電話　075（312）0788番㈹

振替口座　01040-6-32280

装丁　浦谷さおり　　印刷・製本　創栄図書印刷㈱

ISBN 978-4-7710-3696-3